KB150837

부산이야기1

부산,
영화로
이야기하다

글쓴 이
김이석

펴낸 날
2017년 10월 20일

펴낸 곳
비온후 등록 제2011-000004호 www.beonwhobook.com
부산창조재단
부산광역시 부산진구 양지로 54 동의과학대학교 창조관 206호
TEL. 051-860-3547~8 www.bccf.co.kr

기획 차진구 이인미
꾸밈 김철진
그림 이욱상 김민정 이선옥 최희정

책값 16,000원

ISBN 978-89-90969-03-3 04680

본 도서는 2017년도 부산광역시의 보조금을 지원받아 제작되었습니다.
본 책자의 내용이나 자료를 무단으로 사용하실 수 없습니다.

부산,
영화로
이야기하다

김이석 쓰다

©LEE Inmi

©LEE Inmi

부산,
영화로
이야기하다

남포동에서
부산영화를 생각하다

1924년, 20대 초반이었던 나운규는 영화배우가 되겠다는 꿈을 안고 부산에 도착한다. 함경북도 회령에서 한약방 집 셋째 아들로 태어난 나운규는 모범생보다는 골목 대장에 가까웠다. 풍운아 기질이 다분했던 그는 10대 시절에 이미 북간도와 블라디보스토크를 떠돌았다. 또한, 독립운동에 가담했다가 2년간 감옥 생활을 하기도 했다. 출옥 후 회령으로 돌아온 나운규는 1923년 겨울, '예림회'라는 신파극단의 공연을 보고 마음을 빼앗기고 만다. 본인의 스타일대로 무작정 극단의 단장이었던 안종화를 찾아가 배우가 되겠노라 졸랐지만 안종화는 체격도 작고 함경도 사투리도 심했던 이 청년이 그다지 마음에 들지 않았던 것 같다. 길안내라도 하겠다며 매달리던 나운규와 다음 공연지를 찾아 떠나야 했던 안종화의 첫 만남은 그렇게 끝났지만 그들의 인연은 아직 끝나지 않았다.

극단 사정이 어려워지면서 예림회 회원이 뿔뿔이 흩어진 뒤, 안종화는 부산으로 내려와 '무대예술연구회'라는 극단에 들어간다. 무대예술연구회도 예림회와 마찬가지로 재정난에 시달렸다. 하지만 다행스럽게도 이들의 공연을 눈여겨본 일본인 사업가가 있었다. 1920년대는 우리나라에서도 서서히 영화에 대한 관심이 고조되던 시기였다. 일본인 사업가는 안종화에게 영화사를 차리자고 제안했고 안종화는 그 제안을 받아들였다. 이렇게 해서 국내 최초의 영화사 조선키네마 주식회사가 설립된다.

부산에 거주하던 안종화는 아버지의 장례를 치르기 위해 서울로 올라갔다가 그곳에서 나운규와 마주치게 된다. 회령에서 그랬듯이 나운규는 다시 한 번 안종화에게 매달렸고, 기막힌 우연에 감탄했기 때문인지 안종화도 이번에는 그를 뿌리치지 않았다. 안종화와 함께 부산으로 내려온 나운규는 이곳에서 자신이 그토록 원했던 배우의 길에 들어서게 된다.

나운규의 고향인 회령은 우리나라 지도에서 가장 북쪽인 두만강 자락에 있다. 반면 부산은 우리나라에서 가장 남쪽에 위치한 도시다. 가만히 지도를 들여다보다 보면 나운규는 영화인이 될 운명을 타고났다는 생각이 절로 든다. 나운규 본인도 같은 생각이었나 보다. 부산에 내려온 뒤 나운규는 자신의 친구였던 김용국에게 이런 편지를 보냈다.

"너는 뜻밖이라고 생각했으리라. 내가 이곳에 와서 이러한 편지를 쓰게 된 것을. 너에게도 알리지 않고 별안간 이곳으로 뛰어온 것은 나로서도 큰 모험이었고 또 큰 용단이었다고 생각한다. 여기는 활동사진을 박는 곳이란다. 제1회 작품으로 〈바다의 비곡〉을 만든 조선 키네마 주식회사란 간판을 단 곳이다. 아무튼, 내가 찾던 길, 내 뜻을 시험해 볼 곳이라야 지금 조선에서는 이곳 뿐이기에 찾아온 것이다. 또 내가 항상 동경하는 예술이 하루라도 일찍 우리 민중에게 표현되어 그들이 감상케 하고 그들을 웃기고 그들과 함께 울 수 있다면 그뿐이 아니겠느냐."

편지에는 마침내 자신의 꿈을 이룰 기회를 얻은 청년의 기대와 패기가 생생하게 담겨 있다. 특히 편지의 마지막 구절인 "내가 항상 동경하는 예술이 하루라도 일찍 우리 민중에게 표현되어 그들이 감상케 하고 그들을 웃기고 그들과 함께 울 수 있다면 그뿐이 아니겠느냐"라는 구절에서는 사뭇 거장의 여유로움마저 느끼게 된다. 그런데 이 편지를 쓸 무렵 나운규는 단역배우 신세였다. 비록 나중에 한국 최고의 영화감독이자 배우로 인정받게 되지만 편지를 쓸 당시의 나운규는 고향에서 수 천 리 떨어진 낯선 도시를 떠도는 풋내기 청년에 불과했다. 그럼에도 불구하고 그는 막막한 미래에 불안해하거나 자신의 처지를 비관하기는커녕 오히려 우리 민중을 울고 웃길 꿈에 부풀어있었다. 아마 그는 조선키네마주식회사가 있던 대청동에서 극장들이 모여 있는 남포동 사이를 오가며 이런 꿈을 꾸었으리라. 당시 처지를 생각하면 조금은 허황되어 보였던 나운규의 원대한 꿈은 〈아리랑〉이라는 걸작을 통해 현실이 된다.

나운규가 부산 땅을 밟은 지 70여 년의 시간이 흐른 뒤, 남포동에는 다시 영화에 대한 원대한 꿈을 품은 사람들이 모였다. 김지석, 이용관, 전양준, 박광수, 오석근 등 부산 출신이거나 부산에서 활동하고 있던 영화인들은 당시로써는 이름도 낯설었던 국제영화제를 부산에서 개최해보겠다는 꿈을 꾸었다. 한국 관객들도 한국 영화를 외면하던 시절, 모든 사람과 모든 재화가 서울로 수렴되던 시절, 부산 사람들 스스로도 자신들의 도시를 문화의 불모지라 부르던 시절에 이들은 부산이 칸이나 베니스 같은 영화의 도시가 되는 꿈을 꾸었다. 당시 한국의 영화인 중 과연 몇 명이나 이들의 이야기에 고개를 끄덕였을까? 당시 그들의 나이는 40대였다. 영화에 대한 지식과 열정은 충만했지만, 영화제를 운영한 경험도 없고 영화제를 만들 돈도 없었다. 김지석 스스로 '악전고투'라고 말할 정도로 힘든 상황이었지만 이들은 그 꿈을 포기하지 않았다. 이들의 열정에 김동호는 초대 위원장을 맡게 되었고, 오석근은 감독의 꿈을 잠시 접어두고 초대 사무국장으로 합류했다. 일제 강점기에 관객과 영화인으로 북적였던 남포동을 다시 한번 영화의 물결이 넘실거리는 거리로 만들고자 했던 영화인들의 꿈은 1996년 부산국제영화제의 개막과 함께 현실이 되었다. 전 세계에서 온 영화인들과 전국에서 몰려온 관객들이 한데 어우러지는 가운데 남포동은 영화의 열기로 뜨겁게 끓어올랐다. 이후 부산은 국내는 물론 전 세계 영화인들의 사랑을 받는 도시가 되었다.

©LEE Inmi

부산영화는
이렇게 흘러왔다

부산은 한국 영화의 중심지

2014년 12월 1일 부산은 아일랜드의 골웨이, 불가리아의 소피아와 더불어 '유네스코 창의도시 네트워크'의 '영화 창의도시'로 선정되었다. 2010년 유네스코 영화 창의도시 지정을 위한 계획을 수립한 이후 4년간의 노력 끝에 얻은 성과였다.

부산의 영화창의도시 선정은 아시아에서 최초이며, 전 세계적으로도 2009년 영국의 브래드포드, 2012년 호주의 시드니에 이어 세 번째다. '유네스코 창의도시 네트워크' 프로그램에 선정되기 위해서는 잠재력을 갖춘 지역 기업이 있어야 한다. 또한, 선정 대상 분야와 관련된 문화예술 및 교육 분야의 기반이 조성되어 있어야 한다. 사람, 돈, 기반 시설 등 모든 것이 서울을 중심으로 한 수도권에 집중된 우리 사회의 현실을 감안하면 부산이 국내에서 최초로 영화 창의도시에 선정되었다는 것은 놀라운 일이 아닐 수 없다.

부산이 영화 창의도시로 선정되는 데 일등공신은 부산국제영화제였다. 부산국제영화제가 출범한 1990년대 후반부터 부산이 국내외 영화인들에게 영화의 도시로 알려졌음은 널리 알려진 사실이다. 하지만 부산국제영화제 이전에도 부산에 독자적인 영화문화가 존재했던 때가 있었음을 알고 있는 사람은 많지 않다. 특히 일제 강점기와 한국 전쟁 시기에 부산은 한국 영화의 중심지 중 하나였다.

일제 강점기 부산영화

부산영화의 시작

19세기 말 서양에서 발명된 영화는 빠른 속도로 전 세계로 보급되었다. 1895년 12월 28일 파리에서 뤼미에르 형제의 영화가 최초로 관객들 앞에서 상영된 지 불과 일이년 사이에 일본, 중국 등 동아시아에서도 영화가 상영되었다. 일제 강점기에 서양 문물의 창구 역할을 담당했던 부산은 서울과 더불어 우리나라에서 가장 먼저 영화가 상영된 도시로 기록되어 있다. 우리나라에서 영화가 언제 맨 처음 상영되었는지에 대해서는 여러 의견이 있지

만, 현재까지는『황성신문』에 실린 영화–당시 명칭으로는 활동사진– 관람 광고를 근거로 1903년으로 추정하고 있다. 하지만 프랑스에서 뤼미에르 형제의 영화가 상영된 지 1년 후인 1896년에 일본에서 이미 영화가 상영되었다는 점이나 일반 관객을 대상으로 한 영화 광고가『황성신문』에 실렸다는 점을 감안하면 우리나라 최초의 영화 상영일은 현재 알려진 것보다는 좀 더 빨랐을 것으로 추정하는 것이 억측은 아닐 것이다.

지리적 요인으로 인해 서양 문물의 수입이 빨랐던 부산의 경우도 1900년대

그림/이선옥

초에 영화가 상영되었을 것으로 추정된다. 1876년 개항 무렵, 부산은 인구가 1만 명도 채 안 되는 작은 도시였다. 개항 이후, 일본인들이 부산으로 건너와 거주하게 되면서 이들을 위한 거류지가 조성된다. 이 일본인 거류지를 중심으로 부산에 최초의 극장들이 들어서게 된다. 초기 극장들은 영화관이라기보다는 공연장에 가까웠다. 일본의 전통 놀이와 공연 등이 극장의 주요 레퍼토리였다. 영화가 인기를 끌면서 영화를 상영하는 극장이 점차 늘어났는데, 단편영화나 공연과 어우러진 연쇄극 형태의 영화가 주로 상영되었다.

부산 최초의 극장들

부산영화사는 극장사와 더불어 시작된다. 홍영철의 연구에 따르면 1903년 행좌와 송정좌가 운영되고 있었으며, 1907년에는 부산좌, 1914년에는 욱관과 보래관, 1916년에는 상생관이 들어섰다. 앞서 말한 것처럼 이 극장들은 영화관이라기보다는 상설 공연장에 더 가까웠다. 남아 있는 기록에 따르면 1904년 행좌에서 처음으로 영화가 상영되었다. 하지만 최근 홍영철이 1903

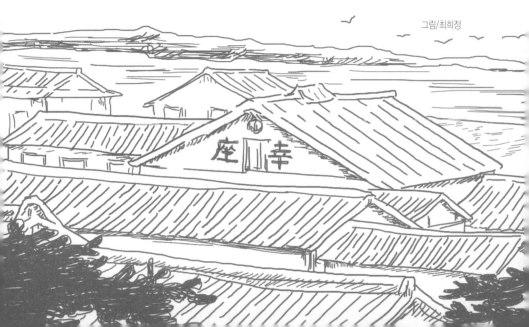

그림/최희정

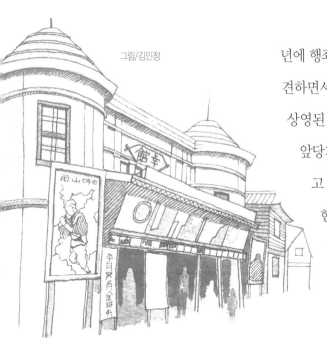

그림/김민정

년에 행좌의 모습이 담긴 사진을 발견하면서 부산에서 최초로 영화가 상영된 날짜를 1903년 이전으로 앞당겨야 한다는 주장도 제기되고 있다.

한 가지 덧붙인다면, 우리 나라뿐만 아니라 일본, 중국 등 동양의 영화사가 영화가 처음 상영된 날짜에서 출발하는 것과 달리, 서양의 경우는 영화 상영 이전의 역사, 즉 영화 전사前史가 존재한다는 점에서 큰 차이가 있다. 예를 들어, 대부분의 서양 영화사는 고대 그리스의 카메라 옵스큐라, 르네상스 시절에 등장한 투시화법−원근법−, 니에프스나 다게르의 사진기, 마레와 머이브리지의 연속사진 등 영화의 재현원리나 영화 장비의 선조先祖 격인 장치들에 관한 내용을 다루고 있다. 또한, 영화가 등장한 이후에는 영화가 누구에 의해 어떻게 만들어졌는지 이야기하고 있다. 이에 반해 우리나라를 비롯한 동양의 초기 영화사는 서양에서 만들어진 영화 장비와 작품들이 언제 수입되었는지를 주로 다루고 있다. 요약하면 서양의 초기 영화사가 '발명'과 '제작'의 역사라면, 동양의 초기 영화사는 '상영'의 역사라고 말할 수 있다. 부산의 영화사도 마찬가지다. 부산이 서양처럼 자기 손으로 만들기 시작한 것은 1920년대로 접어들면서부터.

최초의 영화제작사 : 조선키네마주식회사

일제강점기 부산영화를 이야기할 때 빼놓지 말아야 할 것이 조선키네마주
식회사다. 조선키네마주식회사는 우리나라 최초로 주식회사 형태로 설립된
영화제작사다. 이전에도 영화사들이 있었지만 요즘 표현으로는 1인 회사에
가까운 형태였다. 반면 조선키네마주식회사는 비록 일본인의 자본으로 세
워진 회사이기는 하지만 영화제작을 목표로 한 본격적인 영화사라는 점에
서 의미가 있다. 조선키네마주식회사가 설립된 1920년대는 한국영화의 개
화기였다. 1923년에는 윤백남 감독이 최초의 극영화로 알려진 〈월하의 맹
세〉를 내놓았으며, 일본 자본으로 만들어진 〈춘향전〉도 같은 해에 개봉했
다. 이에 자극을 받은 단성사 사주 박승필은 우리 자본으로 〈장화홍련전〉을
제작하여 큰 성공을 거두기도 했다. 영화제작이 꽤 가능성이 있는 사업이라
는 사실이 알려지면서 전국적으로 영화 제작 붐이 일어나게 된다.

조선키네마주식회사는 이런 분위기 속에서 창립되었다. 조선키네마주식회
사는 부산에 거주하던 왕필열(일본명 : 다카사 간조)을 비롯한 일본인 자본
가들과 부산에서 활동하던 무대예술연구회에 속한 한국인 배우들이 힘을
합쳐 설립한 제작사였다. 1924년 7월 11일 부산 영주동에 문을 연 조선키네
마주식회사는 폐업 전까지 총 4편의 영화를 제작하였다. 비록 크게 성공한
작품은 없었지만, 영화 한 편을 제작하고 문을 닫는 영화사들이 허다한 당
시 상황에서 한 제작사가 4편의 영화를 제작한 것은 매우 드문 경우였다.

조선키네마주식회사의 첫 영화는 제주도를 배경으로 한 〈해의 비곡〉이었
다. 회사의 설립자이기도 한 일본인 왕필열이 연출한 이 영화는 부산과 서

울 등에서 개봉되었으며 이후 일본으로 수출되기도 했다. 극장가에서 우리 영화를 찾아보기 힘들었던 만큼 〈해의 비곡〉은 완성도가 많이 떨어진다는 평가에도 불구하고 꽤 괜찮은 흥행 성적을 거두었다. 작품의 완성도와 흥행 성적이라는 두 마리 토끼를 잡기 위해 조선키네마주식회사는 두 번째 영화의 연출자로 윤백남을 선택했다. 이미 〈월하의 맹세〉로 명성을 떨치고 있던 윤백남을 스카우트하는 임무를 맡은 사람은 안종화였다. 당시 김해에서 교사로 재직 중이던 윤백남은 안종화의 권유로 조선키네마주식회사 경영진과 면담을 하게 되었고, 이후 상당히 파격적인 대우로 영화사에 합류하게 된다. 〈총희의 연〉이라는 제목으로도 알려진 윤백남의 영화 〈운영전〉은 안평대군의 총애를 받던 궁녀 운영의 비극적인 사랑 이야기를 다룬 작품으로 조선키네마주식회사가 처음으로 한국인 시나리오 작가와 한국인 감독을 영입해 만든 영화라는 의미가 있다.

〈운영전〉은 나운규의 첫 출연작이라는 의미를 가진 작품이기도 하다. 비록 단역인 가마꾼 역할로 잠깐 모습을 드러냈을 뿐이지만 일제 강점기 한국영화 최고의 스타였던 나운규는 이 영화를 통해 배우로서 영화계에 첫발을 내딛게 된다. 나운규를 조선키네마주식회사에 입사시킨 사람은 안종화였다. 그는 아버지의 장례를 치르느라 서울에 들렀다가 단성사 앞에서 우연히 나운규를 만나게 되었다. 이미 몇 년 전 회령에서 만났을 때도 극단에서 일하게 해달라고 안종화를 괴롭혔던 나운규는 다시 찾아온 이 기회를 놓치지 않았다. 나운규의 간청을 뿌리치지 못한 안종화는 그를 부산으로 데려온다. 하지만 안종화가 보기에 당시 나운규는 외모도 볼품없고 연기 경험도 없는

풋내기에 불과했다. 오디션 전날 안종화로부터 맞춤 연기지도를 받아 겨우 희로애락을 얼굴에 표현할 수 있을 정도는 되었지만 왕필열을 비롯한 영화사 간부들은 나운규에게 낙제점을 주었다. 하지만 나운규의 열정을 익히 알고 있던 안종화는 연구생으로라도 한 번 더 기회를 주자고 간부들에게 간청했고, 그 덕분에 나운규는 간신히 영화사에 남게 된다. 만일 안종화와 나운규가 단성사 앞에서 마주치지 않았다면, 만일 낙제점을 받은 나운규를 안종화가 구제해주지 않았다면 한국의 영화사는 지금과는 상당히 달라졌을지도 모를 일이다. 〈운영전〉이 애초의 기대와는 달리 흥행에 참패하면서 윤백남은 조선키네마주식회사를 떠나고, 나운규를 비롯해 윤백남을 따르던 다른 연구생들도 모두 서울로 상경하고 만다. 비록 나운규가 부산에 머문 기간은 석 달 정도에 불과했지만, 이 짧은 부산 체류 기간 동안 그의 인생은 완전히 변하게 된다.

윤백남이 떠난 후 조선키네마주식회사는 두 편의 영화를 더 제작한다. 하지만 주주들 사이에 이견을 좁히지 못한 채 네 번째 영화 〈동리의 호걸〉을 끝으로 1925년 문을 닫고 만다. 비록 일본 자본에 의해 설립되기는 했지만, 우리나라 최초의 영화제작사가 부산에 설립되었으며, 윤백남, 안종화, 나운규 등 일제 강점기 한국영화계를 대표하던 영화인들이 이곳을 거쳐 갔다는 사실은 부산이 영화의 도시라고 불릴 수 있는 중요한 근거가 되고 있다.

해방 이후 한국 영화

한국전쟁과 임시수도 부산

한국전쟁이 발발하면서 부산은 또 한 번 한국영화의 중심지 역할을 담당하게 된다. 임시수도가 된 부산으로 수많은 영화인이 모여들었다. 전쟁으로 어려움을 겪고 있던 시기였지만 영화제작이 완전히 중단된 것은 아니었다. 정종화에 따르면 1950년에서 1953년까지 총 17편의 극영화와 9편의 기록영화가 제작되었다. 이 무렵 영화제작의 중심지 역할을 한 것은 대구, 부산, 마산 등이었다.

전쟁 중이었던 만큼 영화 제작의 핵심은 전쟁터의 소식을 전하는 뉴스 영화 제작이었다. 공보처는 당시 부산에 있던 경남 도청 지하실에 현상소를 만들고 〈특별전선뉴스〉라는 뉴스 영화를 제작하였다. 〈특별전선뉴스〉는 1953년 〈대한 뉴스〉로 개명되었다. 1952년에는 〈정의의 진격〉이라는 기록영화가 제작되어 부민관에서 상영되기도 했다.

한국전쟁 기간 중 부산에서 만들어진 영화 중 가장 널리 알려진 작품은 〈낙동강〉(1925)이었다. 이 영화는 부산의 문화예술인 모임이었던 '향토문화연구회'가 중심이 되어 제작되었으며, 부산이 주요 촬영지였던 것으로 알려져 있다.

영화비평이 싹튼 도시

1950년대 부산영화계를 이야기할 때 기억해야 할 사실은 부산이 비평문화

華豪 ◉ 金日映畵賞授興式 ◉ 燦爛

우리나라 처음인 饗宴
흐뭇한 꽃의 香氣 속에
十一個部門에걸쳐, 27日上午 國際劇場에서

국제극장의 수상식장경

上一金勝鎬 下一崔銀女

上一제임스·멘 下一메리아·홀

上一金山劇場 下一國際劇場

受賞

慶南에서 첫 告訴
選擧法違反으로, 固城馬岩面長을

所有主에게 返還키로
昨年十月부터 不正賣却

男女混成竊盜犯
一黨內 名檢擧

互先祠에 火災
各種公納金 二分燒失

"入學期成會費" 收秘示斷
敎員體給給 指示

廬女飮毒自殺

硫酸工場 撤去하라

阿片장이 竊盜夫婦
中釜山署에 걸려들어

六千가마니로 擴大
"第二農會"의 政府糧穀橫領事件

氣溫急降

祝 第一回 金日映畵賞 施賞式
燦!! 第一回 金日映畵賞에서 "優秀国産映畵上映劇場賞" 獲得!!
歷史와 傳統을 자랑하는 韓国映畵芸術의 殿堂이 新春을 裝飾　世界水準에 肉迫하는 最優秀国産映畵 獨占開封 (其一)

心情	비나리는湖南線	흐르는별	나 혼자만이	별아내가슴에	兄弟	生命	夜女	落葉	靑春寢室	콩치팥치	장미는슬프다	첫사랑	魔都의香불

釜山劇場

의 중심 역할을 담당했다는 점이다. 1958년 창
설된 부산영화평론가협회는 국내 최초이자 동
시에 지역 유일의 영화평론가 집단이다. 부산영
화평론가협회는 우리나라 최초의 영화상인 '부
일영화상' 제정에 결정적인 역할을 담당했다. 부
산일보가 주관하고 부산영화평론가협회 회원들
이 심사를 담당한 부일영화상은 국내 최초의 영
화상이라는 점과 이해관계에 얽매이지 않는 공
정한 심사로 지역에서 개최되는 행사임에도 불
구하고 오랜 기간 명성을 떨쳤다. 제1회 부일영
화상 시상식은 1958년 3월 27일 국제 극장에
서 열렸다. 제1회 부일영화상에서 유현목 감독
의 〈잃어버린 청춘〉이 작품상과 감독상을 수상
했으며, 김승호가 〈시집가는 날〉로 남우주연상
을 수상했다. 주증녀는 〈실락원의 별〉로 여우주
연상을 수상했다. 흥미로운 것은 외국영화도 수
상 대상이 되었다는 사실이다. 제1회 부일영화
상에서 이탈리아의 페데리코 펠리니가 연출한
〈길〉이 외국영화 작품상과 감독상을 수상했으

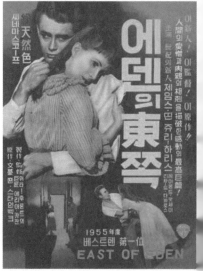

며, 미국 배우 제임스 딘이 〈에덴의 동쪽〉으로 남자배우상을 수상했다. 3회
영화상에서는 프랑스의 영화감독 로베르 브레송이 연출한 〈사형수 탈출하

다)가 작품상과 감독상을 수상한 것이 시선을 끈다. 외국의 감독들이 방한

했을 리는 만무한 상황에서 트로피나 수상결과는 어떻게 전달되었을지 궁

금해진다. 부일영화상은 1973년 제16회를 끝으로 중단되었다가 35년 만에

부활하게 된다.

한국전쟁 동안 잠시 뜨거웠던 부산의 영화계는 종전 이후 부산에 머물던 영

화인들이 서울로 돌아가면서 다시 주도권을 서울에 넘겨주게 된다. 1950년

대 말에는 부산영화촬영소를 세우는 등 다시 한번 부산영화의 중흥을 꾀하

는 노력도 있었지만 이미 서울로 넘어간 주도권을 되돌리기는 어려웠다. 이

때부터 1990년대까지 부산영화계는 오랜 기간 침체의 시간을 보내게 된다.

BIFF와 부산영화의 재도약

1996년 9월 13일. 제1회 부산국제영화제가 출범하였다. 총 9일간 진행된 영화제 기간 개막작으로 선정된 마이크 리 감독의 〈**비밀과 거짓말**〉을 비롯해 총 169편의 영화가 상영되었다. 영화제 기간 남포동을 비롯한 극장가는 전국에서 몰려든 관객들로 인산인해를 이루었다. 감독과 배우를 향한 열렬한 환호와 입장권을 구하기 위해 매표소 앞에 새벽부터 장사진을 친 관객들의 모습은 이제껏 한국영화계에서는 볼 수 없었던 진풍경이었다. 대한민국 제2의 도시임에도 불구하고 부산시민 스스로 '문화 불모지'라고 자평할 정도로 문화적 자산이 부족했던 부산은 1996년을 계기로 단숨에 '영화의 도시'라는 새로운 브랜드를 갖게 되었다.

1990년대 한국영화계

부산국제영화제가 처녀 출항을 하던 1996년 당시, 우리나라에서 영화는 산업적으로나 문화적으로나 별다른 영향력을 가지고 있지 못했다. 김영삼 정권의 등장으로 한국사회는 정치적 민주화를 향한 첫발을 내딛기는 했지만, 우리 영화계는 장기간 이어진 군사독재정권 시절의 상처에서 아직 제대로 회복하지 못한 상황이었다. 할리우드 영화로 대표되는 외국영화와 경쟁할 만한 좋은 한국영화를 만나는 일은 매우 힘들었던 탓에 관객들도 한국영화보다는 외국영화를 더 선호했다. 영화시장의 규모도 지금과는 비교할 수 없을 정도로 작았고, 그마저도 할리우드 영화가 대부분 점령하고 있었다. 당연히 국내에서 개최되는 국제영화제는 하나도 없었다. 조금 더 자세히 살펴보면, 1990년대 중반, 한국의 영화시장에서 우리 영화의 시장점유율은 20퍼센트를 간신히 넘기고 있었다. 매년 300편가량의 외국영화가 개봉되던 상황에서 한국영화의 개봉 편수는 60편 정도에 불과했다. 당시 한국영화가 그나마 이 정도 비율이라도 유지할 수 있었던 것은 강력한 스크린쿼터제도가 존재했기 때문이었다.

극장 환경도 요즘과는 매우 달랐다. 멀티플렉스가 등장하기 이전이라 일부 개봉관을 제외한 대부분 극장들은 낡고 불편했다. 당연히 극장을 찾는 관객 숫자도 지금과는 비교할 수 없을 정도로 적었다. 1993년에 개봉한 임권택 감독의 〈서편제〉가 100만 명의 관객을 동원한 사실이 엄청난 화제가 되었다는 사실은 당시 한국 영화계의 상황이 어땠는지를 미루어 짐작하게 해준다. 스티븐 스필버그의 〈쥬라기공원〉(1993)이 국내는 물론 세계적으로 엄청난 흥행성적을 기록하면서 우리나라에서도 영화산업에 대한 관심이 막 시작되고는 있었지만, 영화의 문화적, 산업적 영향력에 대한 관심은 미흡한 수준이었다. 여러모로 국제적인 영화제를 개최하기는 어려운 상황에서 부산국제영화제는 출범하였다.

어렵사리 영화제를 개최하기로는 했지만, 영화제에 대한 경험을 가진 사람이 국내에 전무하다시피 한 상황이라 개막에 이르기까지 모든 과정이 고난의 연속이었다. 영화제가 개막하기 직전까지 이 영화제의 미래를 낙관하는 사람은 거의 없었다. 영화계에 몸담은 사람들의 견해는 더욱 좋지 않았다. 한국은 세계영화계의 변방에 불과했고, 우리 영화계 내부의 상황도 그리 건

강하지 못했기 때문이었다. 숱한 반대를 무릅쓰고 영화제를 준비해왔던 주최 측도 영화제의 미래를 염려하기는 마찬가지였다. 하지만 역사는 참으로 한순간에 이루어졌다.

1996년 9월 13일, 새로운 역사가 시작되다

1990년대는 국내에 본격적인 영화문화가 형성되기 시작한 시기였다. 영화에 대한 관심이 커지면서 영화에 대한 담론이 형성되었고, 다양한 영화를 즐기고자 하는 수요도 늘어났다. 하지만 아직 국내 영화 환경은 이런 욕구를 제대로 수용하기 어려웠다. 한국의 영화광들은 조악한 화질에 자막도 없는 복사본 비디오테이프를 보는 것에 만족해야 했다. 부산국제영화제는 국내 영화광들의 억눌린 욕망을 단숨에 충족시켜주었다. 그들은 자신들이 그토록 보고 싶었던 영화를 스크린에서 필름으로 볼 수 있다는 것에 감격했다. 에릭 로메르, 테오 앙겔로풀루스, 짐 자무시, 마이크 리, 라스 폰 트리에 등 해외 거장들과 이성강, 홍현숙, 김윤태 등 독립영화의 숨은 실력파들의 작품이 부산국제영화제를 통해 관객을 만났다. 또한, 배용균, 전수일 등 충무로의 지형 바깥에서 작업하던 감독들이

출처/부산일보

관객과 대면하는 기회를 얻기도 했다. 극장 안에는 감독과 배우들을 향한 열렬한 환호가 쏟아졌고, 극장 밖에는 입장권을 구하려는 관객들이 장사진을 이루고 있었다. 반신반의하며 부산을 찾았던 외국의 영화인 중에는 한국 관객의 열기에 감동해서 스스로 재방문을 약속하는 사람도 적지 않았다. 영화인과 관객이 한 몸이 되는 진정한 의미의 영화축제가 시작된 것이다.

영화제의 창립 멤버 중 한 사람에 따르면 당시 주최 측은 내부적으로 6만 명 정도의 관객을 성공의 기준으로 잡고 있었다고 한다. 그런데 이 기준을 무려 세 배나 넘긴 18만여 명의 관객이 제1회 부산국제영화제를 방문한 것이다. 개막 첫해부터 비등점을 넘어설 정도로 뜨겁게 달아올랐던 열기는 이후로도 사그라지지 않았다. 영화제가 20여 년간 지속되는 동안 400만 명이 넘는 관객들이 부산국제영화제를 방문했으며 영화제에서 상영된 작품의 숫자도 5,000편을 넘기게 되었다. 부산국제영화제는 한국영화를 전 세계에 알리고 해외의 우수한 영화를 국내에 소개하는 창구로서도 기대 이상의 성과를 거두었다. 해외 영화제 프로그래머와 배급업자들이 미지의 작품과 감독들을 만나기 위해 부산을 방문했고, 쉽게 만나기 어려운 해외 작품들과 영화인들이 부산에서 한국의 관객들과 행복한 조우를 즐기기도 했다. 이처럼 부산국제영화제가 세계 어디서도 유례를 찾아보기 힘들 정도로 눈부신 성장을 거듭하면서 부산은 자타가 공인하는 영화의 도시로 자리 잡게 되었다.

부산국제영화제의 성공 요인

부산영화제는 20여 년의 기간 동안 다른 영화제들이 반세기 이상 걸려 이루어낸 성과들을 얻어냈다. 영화사에서 단기간에 이 정도 영향력을 인정받은 영화제는 없었다. 부산국제영화제가 이처럼 놀라운 성공을 거둘 수 있었던 가장 중요한 요인이 관객이라는 점에는 이견이 없다. 칸국제영화제를 비롯한 주요 국제영화제들이 기자와 영화평론가, 배급업자 등 영화인을 대상으로 한 영화제인 것과는 달리, 부산국제영화제는 관객을 위한 영화제다. 개막 직후 남포동 거리를 가득 메운 관객은 부산국제영화제의 미래에 대한 비관적인 전망을 한순간에 날려버렸다. 영화제 관객이 보낸 환대와 찬사는 국내외 영화인들이 부산을 다시 찾아오고 싶은 도시로 꼽게 했다. 또한, 개막식장을 가득 메운 수천 명의 자발적이며 열정적인 관객들은 정치인이 영화제의 효용성을 눈여겨보게 했다.

비경쟁 방식을 선택한 것도 부산국제영화제가 예상보다 훨씬 빠르게 안착할 수 있었던 요인이었다. 물론 경쟁 방식으로 칸이나 베니스, 베를린 같은 유명 영화제와 정면으로 맞붙는 것이 더 그럴듯해 보일 수도 있다. 하지만 상당한 역사를 자랑하는 영화제들끼리도 좋은 영화를 유치하기 위해 어마어마한 경쟁을 벌이는 상황에서 후발주자인 부산국제영화제가 그들과 같은 노선을 선택했다면 아마도 지금의 부산국제영화제는 없었을 것이다. 실제로 일부 후발 영화제들이 막대한 규모의 상금을 내걸고 유명 영화제와 경쟁을 하려다가 실패한 사례도 있었다. 부산국제영화제를 준비하던 사람들은 이런 사례를 참고하여 칸, 베니스, 베를린 등과 맞서기보다는 이런 영화제에 초청된 좋은 작품들을 한 자리에 모두 모을 수 있는 자리를 만들기로 했다. 부산국제영화제에서 가장 사랑받는 섹션 중 하나인 '월드 시네마'가

바로 이런 영화들을 소개하는 장이다. 관객 입장에서는 군이 해외로 나가지 않고도 각종 영화제에서 화제를 모았던 작품들을 감상할 기회를 얻을 수 있다는 점에서 매우 만족스러운 일이 아닐 수 없다. 평론가나 영화학자들도 한 자리에서 세계 영화의 중요한 흐름을 파악할 수 있다는 점에서 만족스럽기는 마찬가지였다. 지금에 와서는 다른 영화제의 성과를 우리의 성과로 만들어버리는 방법을 선택한 것은 현명한 일이었다고 쉽게 말할 수 있지만, 영화제 출범 초기에 그런 결정을 내리는 것이 그리 간단한 일은 아니었을 것이다. 앞서 언급한 일부 실패한 영화제들도 선발 영화제들과 경쟁하기가 쉽지 않은 일이라는 사실은 이미 알고 있었을 것이다. 그럼에도 불구하고 그들이 경쟁 방식을 포기하지 못한 것은 가시적인 성과가 필요했기 때문일 것이다. 세계 최초로 공개되는 유명 감독의 작품을 대상으로 심사가 진행되고, 그렇게 선정된 수상작이 세계 영화인의 주목을 받는 것은 영화제를 기획하는 모든 사람의 꿈일 것이다. 또한, 후발 영화제가 국제적인 명성을 얻는 가장 효과적인 방법이기도 하다. 그렇기 때문에 여전히 많은 영화제가 경쟁 부문을 전면에 내세우고 있다. 어쩌면 부산국제영화제가 비경쟁 영화제로 출발할 수 있었던 것은 이 영화제를 준비하던 중심인물들이 영화평론가였기 때문인지도 모른다. 평론가란 좋은 영화, 논쟁적인 영화, 새로운 영화에 늘 목말라 있는 사람이다. 실제로 모 영화제 프로그래머는 영화를 선정하는 기준을 묻는 말에 "내가 보고 싶은 영화"라고 농담 아닌 농담으로 답하기도 했다. 부산국제영화제를 준비하던 이용관, 김지석, 전양준 등도 자신이 보고 싶었던 영화들을 한국에서 볼 수 있고, 자신이 사랑하는 영화를 한국의 관객들에게 소개할 수 있다는 사실만으로 만족했는지도 모를 일이다. 더구나 당시는 아직 DVD도 등장하지 않았던 시대였다.

지자체와의 효율적인 역할 분담도 부산국제영화제의 성공 요인으로 꼽을 수 있다. 2014년 〈다이빙 벨〉 사태가 불거지기 이전까지 부산시와 부산국제영화제 간의 공조 관계는 이상적이었다. '지원은 하되 간섭은 않는다'는 이른바 '팔길이 원칙 arm's length principle'에 입각한 양측의 관계는 국내 축제 운영의 모범적 사례로 꼽히며 후발 주자인 다른 영화제 운영에도 많은 영향을 미쳤다. 이전까지 국내에서 개최되는 축제는 대부분 정치인의 홍보의 장으로 활용되곤 했다. 축제를 시작하기 전에 정치인이나 지역 유지들이 잇달아 무대 위로 올라와 지루한 인사말이나 축사를 늘어놓은 일은 너무나 흔한 일이었다. 부산국제영화제는 이런 관행에 과감히 맞섰다. 영화제 조직위원장을 겸한 부산시장 혼자 무대에 올라 짧은 환영사에 이어 영화제 개막 선언을 마친 후 무대를 내려가는 모습은 당시로써는 대단히 신선하게 받아들여졌다. 제1회 영화제 개막식 당시 부산시장이 당초의 약속을 깨고 혹시나 인사말을 길게 늘어놓을지 몰라서 영화제 스탭이 사표를 쓸 각오를 하고 여차하면 마이크 선을 뽑을 준비를 하고 있었다는 이야기, 영화제를 찾은 유력 대선후보가 무대에 오르려고 하는 것을 영화제 사무국장이 눈물로 막아섰던 이야기 등은 많은 사람이 알고 있는 후일담이다. 부산국제영화제의 시도가 호평을 받으면서 적어도 국내에서 개최되는 영화제에서는 정치인들의 지루한 인사말 때문에 괴로워하는 일은 줄어들게 되었다.

영화제의 도시, 부산

부산국제영화제는 국내에 영화제 붐을 불러일으켰다. 부산의 성공에 자극을 받아 부천, 전주, 광주 등 여러 도시에서 새로운 국제영화제가 만들어졌다. 한때는 영화제가 어떤 성격의 행사인지조차 잘 몰랐던 우리나라에서 이제는 영화제가 너무 많은 것이 아니냐는 우려가 나올 정도로 영화제 붐이 일어난 것이다.

부산국제영화제의 명성과 규모에 가려져 잘 알려지지는 않았지만, 부산에는 다양한 영화제들이 열리고 있다. 우선 부산국제영화제보다 훨씬 더 긴 역사를 자랑하는 부산국제단편영화제를 꼽을 수 있다. 매년 봄에 열리는 부산국제단편영화제는 영화의 뿌리와도 같은 단편영화를 소개하는 매우 중요한 영화제다. 1980년 한국단편영화제로 출범해 2000년 부산아시아단편영화제를 거쳐 2010년부터 부산국제단편영화제로 확대, 개편되었다. 부산국제단편영화제가 안정기에 접어든 것은 2000년대 중반부터다. 특히 양영철 교수와 차민철 교수가 각각 집행위원장과 프로그래머로 일하게 되면서 영화제는 눈에 띄게 성장하였다. 경쟁부문 출품작은 4,000편을 넘겼으며, 프랑스, 중국, 캐나다 등이 거쳐 간 주빈국 프로그램도 큰 성공을 거두고 있다. 좀 더 실험

한마음 모여 봄 | 정수영

주최 | (사)부산국제단편영화제 조직위원회 주관 | 부산국제단편영화제 집행위원회

부산국제단편영화제
2014. 4. 25ᵗʰ-29ᵗʰ | 영화의전당

적인 프로그램이 부족하다는 아쉬움은 있지만, 국내에서 개최되는 다른 영화제들에 비해 단편영화제로서 정체성을 분명히 드러내고 있는 것도 사실이다.

매년 여름에 개최되는 부산국제어린이청소년영화제도 주목할 만하다. 상영작이 중심이 된 다른 영화제와는 달리 부산국제어린이청소년영화제는 영화교육에 각별한 노력을 기울이고 있다. 어린 시절부터 영상 미디어를 접하는 기회가 늘어난 현실을 감안할 때, 어린이와 청소년을 위한 영화 및 영상 교육의 중요성은 더욱 커진 상황이다. 부산국제어린이청소년영화제는 국내에서 가장 먼저 이 문제에 관심을 기울인 영화제였다. 대부분의 영화제가 일회성 이벤트에 머물지 않기 위해 큰 노력을 기울이면서도 뾰족한 대안을 찾지 못하고 있는 상황에서 영화 축제와 영화 교육을 결합한 부산국제어린이청소년영화제는 영화제 종사자라면 참고해볼 만한 사례가 아닐 수 없다. 아쉬운 것은 영화제의 주요 관객층이 어린이와 청소년이다 보니 충분한 정책적 관심과 지원을 받지 못하고 있다는 사실이다. 부산이 영화의 도시라고 자부하려면 어린이와 청소년을 위한 영상교육에 좀 더 많은 관심과 노력을 기울일 필요가 있다.

부산독립영화제는 부산에서 개최되는 중요한 영화제 중 가장 규모가 작은 영화제다. 부산국제영화제의 한 해 예산이 100억 원이 넘지만 부산독립영화제의 예산은 수천만 원에 불과하다. 하지만 영화제의 가치는 예산의 규모를 훨씬 뛰어넘는다. 1999년 메이드인부산독립영화제라는 이름으로 출범한 이 영화제는 부산의 영화를 소개하고 부산의 영화인들끼리 교류하는 것을 최우선 목표로 삼고 있다. 다른 지역에서도 독립영화제가 열리지만, 그 지역에서 제작된 영화만으로 독자적인 영화제를 개최할 수 있는 도시는 서울과 부산밖에 없다. 적은 예산 때문에 매년 골머리를 앓으면서도 영화제를 꾸준히 꾸려나가는 이유는 지역 영화를 지킨다는 자부심과 보람 때문일 것이다.

부산국제영화제를 포함해서 부산에서 열리는 다수의 영화제는 부산의 영화문화를 대표하는 자산이라고 할 수 있다. 문제는 이런 영화제들이 짧게는 나흘에서 길게는 열흘 동안 열리는 행사라는 점이다. 예를 들어 부산국제영화제에는 매년 300여 편 가까운 영화가 상영되지만, 관객들이 영화제기간 동안 볼 수 있는 작품 숫자는 한계가 있다. 영화제 기간에 밀물처럼 몰려들었던 관객들이 영화제가 끝나면 썰물이 되어 빠져나가는 모습은 이제는 낯설지가 않다. 부산이 영화제의 도시로 자리매김한 지도 꽤 오랜 시간이 지났다. 이제는 영화제 기간에 집중된 열기를 일상 속에서 지속시키고 확장하는 노력을 해야 할 때다. 부산국제영화제가 처음 출범하던 시기에는 좋은 영화를 볼 기회가 제한되어 있었다. 하지만 이제는 조금만 부지런하면 좋은 영화를 고화질로 감상할 수 있다. 영화제의 존재 가치, 영화제의 역할 등에 대해 진지한 고민이 필요해졌다. 1990년대에 부산이 국내 영화계에 활력을 불어넣었던 것처럼 21세기에도 부산이 영화의 미래에 관한 새로운 패러다임을 제시할 수 있기를 바란다.

영화 촬영 도시, 부산

2000년대로 넘어서면서 부산은 영화 촬영도시로 각광을 받게 된다. 장편 극영화를 비롯한 드라마, 광고 등 매년 100편 이상의 상업적인 영상물이 부산에서 촬영되고 있다. 2017년 3월에는 할리우드 블록버스터 영화 〈블랙 팬서〉 촬영팀이 부산을 방문하면서 화제를 모으기도 했다. 이처럼 부산에서 영화를 촬영하는 국내외 영화인들이라면 가장 먼저 떠올리는 곳이 있다. 바로 부산영상위원회 Busan Film Commission 다.

로케이션 유치의 효과

부산국제영화제만큼 대중에게 널리 알려지지는 않았지만 부산영상위원회는 영화의 도시 부산을 이끈 숨은 공로자다. 부산영상위원회는 1999년 12월 20일 창립되었다. 국내 최초, 아시아에서 두 번째로 설립된 영상위원회라는 사실에서 짐작할 수 있듯이 당시에는 영상위원회가 어떤 일을 하는 곳인지 잘 알고 있는 사람은 별로 없었다. 하지만 영화산업의 역사가 긴 서구에서는 필름커미션 Film Commission 이라는 이름이 그리 낯설지 않다. 영상위원회는 1940년대 후반 미국에서 처음 시작된 것으로 알려져 있다. 국내외를 막론하고 영상위원회의 가장 중요한 임무는 영화 촬영과 관련한 각종 정보와 행정 서비스를 제공하는 것이다. 예를 들어 부산의 특정 장소에서 촬영을 원하는 제작진을 위해 촬영 허가나 장소 대여와 관련된 기관들을 연결해준다거나 엑스트라나 단기 스태프 인력을 모집하는 일을 도와주기도 하고,

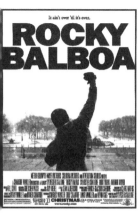

외지인에게는 잘 알려지지 않았지만 작품의 분위기에 잘 맞는 촬영 장소를 소개해주기도 한다. 또한, 촬영 기간 제작진이 머물 수 있는 숙소나 식당 등의 정보를 제공하기도 한다. 이런 정보는 제작진 입장에서는 매우 유용하다. 타 도시에서 영화를 촬영할 때 정보 부족으로 인해 겪게 되는 경제적, 육체적 부담을 덜 수 있기 때문이다.

그렇다면 이런 서비스를 제공하는 입장에서는 어떤 점이 도움이 되는 것일까? 먼저 영화를 통한 도시 홍보 효과를 들 수 있다. 영화 촬영지가 관광 명소로 부각되는 사례를 찾는 일은 어렵지 않다. 윤제균 감독의 〈국제시장〉이 큰 성공을 거둔 뒤에 국제시장이 부산의 관광 명소로 떠올랐던 사례를 떠올려보면 쉽게 이해가 될 것이다. 〈네 멋대로 해라〉를 감명 깊게 본 사람이라면 샹젤리제 거리에서 장 폴 벨몽도와 진 세버그의 첫 만남을 떠올릴 것이며, 〈록키〉를 좋아하는 사람은 필라델피아 미술관 계단에서 미래에 대한 꿈을 품고 달리던 가난한 권투선수의 모습을 떠올릴 것이다. 음악을 좋아하는 사람이라면 〈원스〉의 무대가 된 더블린을 방문해서 거리공연을 즐기고 싶어 할 것이고, 〈라라랜드〉에 매료된 사람이라면 주인공들이 춤을 추던 그리피스 천문대를 방문하고 싶을 것이다. 이를 통해 자연스럽게 도시의 가치가 올라가게 되고, 관광객으로 인한 경제적인 이득도 누릴 수 있게 된다.

영화 촬영팀이 사용하는 예산도 지역 경제에 직접적인
도움을 준다. 한국영화의 경우, 좀 큰 규모의 영화 중에
는 예산이 100억 원이 넘는 경우가 드물지 않다. 배우
들의 출연료 등 인건비를 제외하면 제작비의 상당 부
분이 식비나 숙박비 등으로 지출된다. 〈부산행〉 같은
영화의 경우, 제목에서 짐작할 수 있듯이 영화의 많은
부분이 부산에서 촬영되었다. 당연히 부산에서 사용한

예산도 적지 않았다. 서구의 도시들이 오래전부터 영화 촬영을 지원하는 전
문 기구를 설립하고 촬영팀에게 다양한 편의를 제공한 것도 이런 홍보 효과
와 경제적 효과 때문이었다.

부산영상위원회가 설립될 당시만 해도 국내에서는 지방자치단체가 직접 영
화 촬영을 지원한다는 것이 생소하게 받아들여졌다. 하지만 부산영상위원
회의 활동을 통해 영화 촬영을 유치하는 것이 도시를 홍보하는 효과가 있을
뿐만 아니라 지역 경제 활성화에도 도움이 된다는 사실이 확인되면서 국내
도시들은 앞다투어 지역 영상위원회를 설립하게 된다.

영화촬영도시 부산

산과 바다가 어우러진 독특한 풍광, 현대와 근대가 공존하는 도시환경, 풍
부한 관광 인프라 등 부산은 다른 도시들에 비해 영화 촬영지로 유리한 조
건을 갖추고 있다. 그런 이유로 우리 영화사에서 부산에서 촬영된 영화를

찾는 일은 어렵지 않다. 한국전쟁 당시 제작된 〈낙동강〉은 이은상, 윤이상 등 우리나라를 대표하는 예술인들의 직간접적인 참여로도 화제를 모은 작품으로 을숙도의 갈대밭 등이 주요 촬영 무대였다. 1958년에는 전포동에 부산영화촬영소가 세워졌다. 홍영철에 따르면 이 촬영소는 100평 규모의 스튜디오와 발전 장비, 조명 장비, 100여 명 규모의 합숙소까지 갖추고 있었다. 하지만 서울이 영화제작의 중심 기능을 회복하면서 부산의 촬영소는 경영난으로 문을 닫게 된다.

한국영화의 황금기였던 1960년대에도 부산을 무대로 한 영화들이 다수 등장했다. 널리 알려진 작품으로는 유현목 감독의 〈아낌없이 주련다〉(1962), 김수용 감독의 〈갯마을〉(1965), 신경균 감독의 〈마도로스 박〉(1964) 등이 있다. 〈아낌없이 주련다〉(1962)는 다대포와 몰운대 등에서 부산 올 로케이션으로 촬영된 작품이다. 특히 이 영화는 신성일을 스타로 만든 작품으로 알려져 있다. 〈갯마을〉(1965)은 오영수의 동명 단편소설을 각색한 작품으로 기장군 일광면 이천리 바닷가에서 촬영되었으며, 〈마도로스 박〉(1964)은 액션 배우 박노식이 주연을 맡은 작품이다. 1970년대로 접어들면서 한국영화가 어려움을 겪게 되면서 자연스럽게 부산에서 촬영되는 영화 편수도 줄어들게 된다.

1999년 부산영상위원회가 설립되면서 부산은 다시 영화 촬영지로 주목받게 된다. 부산영상위원회의 자료에 따르면, 2000년 이후 부산에서 촬영된 영상물이 1,000편을 넘겼으며, 이 중에는 〈해운대〉, 〈국제시장〉, 〈변호인〉, 〈부산행〉 등 이른바 '천만 영화'도 다수 포함되어 있다.

부산영상위원회, 정상 궤도에 오르다

부산영상위원회를 정상 궤도에 올려놓은 인물은 박광수 감독이다. 부산 출신의 박광수 감독은 〈칠수와 만수〉, 〈그들도 우리처럼〉, 〈그 섬에 가고 싶다〉, 〈아름다운 청년 전태일〉 등 문제작을 내놓으며 '한국뉴웨이브'를 대표하는 감독으로 기록되어 있다. 부산국제영화제의 출범에도 기여한 바 있는 박광수 감독은 부산영상위원회가 출범한 이후 2010년까지 운영위원장으로 재직하며 부산이 영화촬영의 도시로 발전하는 데 기여하였다. 박광수 운영위원장의 재직 기간 동안 부산에 있는 영화영상관련 회사들의 사무공간이자 촬영 기자재 대여 업무를 담당하는 부산영상벤처센터가 개관했으며, 당시로서는 국내 최대 규모의 부산영화촬영스튜디오도 완공되었다. 2006년에는 한국영화의 수출을 위해 부산필름마켓이 창설되었으며, 2009년에는 촬영된 영화의 후반 작업까지 아우르는 이른바 '원스톱 서비스'를 제공할 목적으로 부산 영상후반작업시설(이후 AZWORKS로 개명)이 설립되기도 했다. 이런 영화 관련 인프라 구축에 힘입어 부산은 국내 영화인들이 가장 선호하는 영화촬영지로 자리 잡게 된다.

영화촬영지로서 부산의 강점은 국내외 영화촬영을 지원하면서 축적한 노

영화촬영현장 (부산영상위원회 제공)

하우와 촘촘한 민관 네트워크를 꼽을 수 있다. 영화촬영에 대한 행정지원이 전무했던 시절 선구적인 영화지원시스템을 갖추고 다양한 서비스를 제공했던 부산영상위원회의 활동에 대해 영화인들은 "부산에서는 모든 것이 가능했다"고 회고하기도 한다. 부산의 풍부한 관광 인프라도 영화 촬영팀 유치에 큰 도움이 되었다. 촬영 스튜디오가 있는 수영만 근처에 위치한 다양한 숙박시설과 식당은 영화 촬영지를 선택하는 사람들의 입장에서는 꽤 매력적인 요소라고 할 수 있다. 사실 국내 대도시 중 부산처럼 도심에 배우와 스탭들이 지낼 수 있는 숙박시설과 촬영 스튜디오를 모두 가지고 있는 곳은 그리 흔하지 않다.

영화산업에 대한 정책적인 지원에서도 부산은 다른 지자체들보다 한발 앞서 나갔다. 영화를 미래 전략산업으로 선정한 부산시는 다른 지자체들보다

부산영상위원회 3D프로덕션센터 버추얼스튜디오 (부산영상위원회 제공)

한 발 앞서 지역 영화산업 육성에 나섰다. 특히 2005년에는 지역 영화산업
에 대한 종합적인 육성 방안을 담은 '시네포트 부산'을 발표하기도 했다. '시
네포트 부산'은 하드웨어 구축에 편중되어 있다는 한계를 지적받기도 했지
만, 국내 지방자치단체로서는 처음으로 장기적인 관점에서 지역의 영화산
업을 지원하고 육성하는 정책을 수립했다는 점은 긍정적인 평가를 받았다.

부산영상위원회의 현재와 미래

현재 부산영상위원회는 촬영지원이라는 고유 업무 외에도 지역 영화산업
활성화를 위한 다양한 사업을 시행하고 있다. 부산의 영화제작사나 부산의
영화인을 대상으로 한 제작 지원 사업, 부산을 배경으로 한 영화의 기획 개
발 지원, 부산에서 일정 비율을 촬영하는 영화에 대한 투자도 부산영상위원
회가 담당하고 있다. 아시아 지역으로도 눈을 돌려 부산영화의 영향력을 확
대하고 있다. 아시아 각국의 영상위원회로 구성된 AFCNet의 의장국을 맡

고 있으며, 영화산업의 토대가 취약한 아시아 국가의 젊은 영화인들을 대상으로 한 제작워크숍 프로그램인 FLY사업도 시행 중이다. 또한, 영화 제작자를 양성하는 아시아영화학교도 2016년 문을 열었다. 영상위원회는 촬영을 지원하는 기관이라는 선입견을 깬 부산영상위원회의 활동은 국내는 물론 해외에서도 많은 주목을 받았으며, 영화 도시 부산의 위상을 높이는 데 기여하였다.

하지만 지금까지 거둔 성과가 미래의 성공을 약속하는 것은 아니다. 앞서 얘기한 것처럼 영화촬영지로서 부산은 한발 앞선 투자와 효율적인 지원 체계 구축을 통해 큰 성공을 거두었다. 하지만 부산의 성공에 자극을 받은 다른 지자체들이 경쟁에 뛰어들면서 국내 최고의 영화 촬영도시라는 위상을 유지하는 일은 점점 더 힘겨워지고 있다. 특히 다양한 인센티브 제도와 새롭게 구축한 기반 시설 등을 앞세운 수도권 도시들의 도전이 거세다. 부산 입장에서도 과감한 투자와 참신한 아이디어 개발이 필요한 시점이다. 우선 해외 촬영팀을 부산으로 유치하려는 노력을 기울여야 한다. 이미 국내 촬영 유치가 과열 경쟁 상태에 접어들었다는 감안할 때, 미국이나 중국 등의 영화제작팀을 부산으로 유치할 방안을 마련할 필요가 있다. 이를 위해서는 해외 촬영팀을 담당할 전문 코디네이터나 민간 로케이션 전문 회사 설립이 필요하다. 정치적 상황으로 인해 중국과의 협력 관계에 차질이 발생하긴 했지만, 이 기간에 전문 인력을 육성하고 기반 시설을 확충하면 더 안정적인 협력 체제를 구축할 수 있을 것이다.

늘어나는 촬영 수요를 감당하려면 첨단 장비와 시설을 운용할 수 있는 전문

인력을 양성하는 데도 노력을 기울여야 한다. 국내에서 지역의 영화인만으로 촬영 수요 등을 감당할 수 있는 도시는 서울과 부산이 유일하다. 다만 아직은 부산에 안정적인 일자리가 부족해서 많은 지역 인재들이 수도권으로 유출되고 있다. 국내외 촬영팀이 요구하는 인력 수요를 부산 영화인과 연결할 수 있다면 부산영화계의 토대가 지금보다 더 튼튼해질 수 있다.

미래의 영화산업 동향을 예측한 시설 투자도 필요하다. 이미 3D프로덕션센터 등 첨단 영화기반시설에 대한 투자가 시작되었지만, 예전처럼 부산이 가장 앞서나가고 있다고 말하기는 어렵다. 유행을 뒤쫓기보다는 유행을 선도하는 정책 입안과 이를 뒷받침하는 과감한 투자가 필요하다.

영화산업에서 가장 핵심은 창작자라는 점을 인식해서 지역 영화인을 위한 정책을 강화해야 한다. 그동안 부산의 영화정책은 지역의 경쟁력과 자생력을 강화하는 것보다는 수도권에 있는 대기업을 유치하는 데 초점이 맞춰져 있었다. 하지만 이런 정책은 제대로 된 성과를 내지 못했고, 오히려 지역에서 활동하는 영화인들의 사기만 떨어뜨리는 부작용도 발생했다. 현재의 지역 영화 지원 정책은 구색 맞추기 정도에 불과하다. 부산에서 활동하는 영화인이 늘어나고 부산에서 만들어지는 영화 편수가 많아질 때 부산은 진정한 영화 도시로 인정받게 될 것이다.

하지만 위에 나열한 구체적인 정책들보다 더 중요한 것은 1990년대 후반과 2000년대 초반까지 부산영화계가 보여주었던 도전 정신을 회복하는 것이다. 부산국제영화제, 부산영상위원회 등 부산이 자랑하는 영화적 자산들은 모두 새로운 발상과 과감한 도전의 결과물이었다. 그때와 비교하면 현재 부산영화계는 활력이 부족해 보인다. 남들과 다른 꿈을 꾸고 그 꿈을 실현하기 위해 도전했던 그때의 정신을 회복할 때 부산은 21세기에도 주목받는 영화 도시로 자리매김할 수 있을 것이다.

부산의 극장들

카메라가 없는 영화를 상상하기 힘들 듯 극장이 없는 영화 또한 상상하기 어렵다. 영화가 세상에 처음 모습을 드러내던 순간에 대한 기록들이 이 새로운 매체를 발명한 사람들의 이름과 상영된 작품들의 제목, 그리고 이 영화들이 상영되었던 장소를 언급하고 있다는 사실에서도 짐작할 수 있는 것처럼 극장은 영화가 태어나던 그 순간부터 영화의 일부였다.

프랑스어 cinéma나 영어 cinema는 '영화'와 '극장'이라는 두 가지 의미를 모두 가지고 있다. 이 언어들에서 시네마라는 단어는 개별 작품을 가리키는 것이 아니라 전체적인 개념 혹은 일종의 체계로서 영화를 의미한다. 영화작업의 모든 과정을 포함하는 종합적인 개념인 시네마라는 단어 속에 극장이라는 의미가 담겨 있다는 점은 꽤 흥미롭다. 잘 알다시피 극장으로서 시네마는 산업적 · 문화적 · 예술적 시스템으로서 시네마가 최종적으로 도달하는 목적지다. 구체적으로 극장은 지난한 제작 과정을 거쳐 완성된 창작물의 종착점이자, 창작자와 수용자가 조우하면서 새로운 의미가 탄생하는 시발점이기도 하다. 상업적 개봉이건, 영화제 등을 통한 상영이건 영화는 극장이라는 공간에 도달한 이후에야 작품으로서 존재가치를 부여받게 된다. 그런 점에서 극장은 영화라는 대중예술 혹은 대중문화의 존재론적 특징을 규정하는 필수적인 영화적 장치라고 할 수 있다.

창작자에 초점을 맞춘 전통적인 미학의 관점에서 가장 중요하게 취급되는 것이 텍스트, 즉 작품이라면, 수용자에 초점을 맞춘 현대 미학의 관점에서는 극장이 작품만큼이나 중요한 가치를 가진다. 이때 극장은 단순히 영화를 소비하는 시장이 아니라, 관객의 미적 체험이 형성되는 특별한 공간이다. 이러한 관객의 미적 체험은 일차적으로는 작품과의 대면을 통해서 주어지는 것이며, 이차적으로는 극장이라는 공간 자체로부터 주어지기도 한다.

멀티플렉스

부산의 관객들에게 가장 친근한 극장은 멀티플렉스 체인일 것이다. 우리나라 최초의 멀티플렉스는 1998년 4월 제일제당이 홍콩의 골든 하베스트사, 호주의 빌리지 로드쇼사와 합작하여 설립한 CGV극장이다. 2000년대로 접어들면서 멀티플렉스 체인은 비약적으로 성장했고, 그 결과 우리나라의 영화관람 문화는 큰 변화를 겪게 된다. 부산도 예외가 아니었다.

멀티플렉스 체인에 관객이 몰린 이유는 다양하다. 쾌적한 시설, 평준화된 서비스는 극장에 대한 편견을 바꿔놓았다. 한 개의 극장에 한 편의 영화만 상영되던 관행을 깬 것도 멀티플렉스였다. 여러모로 관객의 편의성을 높인 멀티플렉스의 등장으로 인해 극장은 한국사회에서 가장 중요한 여가문화 공간 중 하나로 자리를 잡게 된다.

멀티플렉스 체인의 증가는 관객 숫자의 증가로 이어졌고 자연스럽게 한국의 영화산업도 빠른 속도로 성장했다. 하지만 멀티플렉스의 지배력이 확대되면서 부작용도 나타나기 시작했다. 블록버스터 영화가 스크린의 절반 이상을 차지하는 스크린 독과점 현상이 심화되면서 여러 편의 영화를 선택할 수 있다는 멀티플렉스의 장점이 무의미해지는 일이 벌어졌다. 또한, 오랜 역사를 지닌 지역 극장들이 문을 닫는 일도 벌어졌다. 부산의 경우 부산극장이나 대영극장처럼 역사성과 상징성을 가진 극장마저도 멀티플렉스 체인의 공세를 견디지 못했다. 카멜 르가야의 말을 빌리면, 영화관에서 영화를 본다는 것은 '관객의 몸이, 영화관이라는 주어진 공간, 고정된 공간과 관계를 맺는 일'이다. 그런 의미에서 보면 천편일률적인 멀티플렉스 체인만 남는다는 것은 관객과 공간과의 관계도 획일화된다는 의미이기도 하다.

예술영화전용관

멀티플렉스 체인의 영향력이 확대되면서 차별화된 극장 공간의 필요성을 주장하는 목소리도 높아졌다. 정부도 정책적으로 이른바 '예술영화전용관'이라고 불리는 대안적인 극장에 대한 지원을 늘려왔다. 다행히 부산에도 예술영화전용관이 몇 군데 있다. 국도예술관은 부산을 대표하는 예술영화전용관이다. 대부분의 예술영화전용관과 마찬가지로 국도예술관도 회원을 중심으로 운영되고 있다. 국도예술관의 경우 온라인 회원 숫자가 20,000명에 달한다. 지역에 위치한 단관극장으로서는 꽤 성공적인 셈이다. 예술영화전용관 회원들의 소속감이나 연대의식은 매우 강력한 편이며 자신들이 즐겨 찾는 극장에 대한 애정은 영화에 대한 애정만큼이나 크다. 이들의 공동체 의식을 폐쇄적인 선민의식이라고 비난할 수도 있겠지만 지금처

©KIM Chuliin

국도예술관

럼 멀티플렉스 체인의 독점적 지배력이 확대된 상황에서 예술영화관을 중심으로 한 시네필 공동체가 도시의 문화적 다양성을 지키는 데 있어서 매우 긍정적인 효과를 만들어내고 있는 것은 부인할 수 없는 사실이다.

국도예술관의 경우 예술영화 상영 외에도 감독이나 배우를 초청하여 이야기를 나누는 '관객과의 대화' 프로그램, 독립애니메이션 상영회, 철야 상영회 등 다채로운 프로그램을 운영함으로써 멀티플렉스 체인의 획일화된 프로그램과 차별화를 꾀하고 있다. 산업적 가치에 무게를 두고 영화계를 바라본다면 예술영화전용관의 존재감은 미미한 수준이라고 말할지도 모르겠다. 하지만 영화 문화의 다양성이라는 측면에서 예술영화전용관의 존재가치는 멀티플렉스 극장들과는 비교할 수 없을 정도로 크다. 또한, 예술영화전용관을 중심으로 형성된 시네필 공동체는 익명성과 개별성을 강요하는 현대적 삶의 규칙에 대한 도전이라는 점에서도 충분한 의미를 가지고 있다.

시네마테크 부산

1999년 8월 24일 문을 연 시네마테크 부산은 영화를 사랑하는 사람들에게는 부산국제영화제와 더불어 부산 영화문화의 상징이었다. 시네마테크 부산은 당시로써는 전용관을 가진 국내 유일의 시네마테크였다. 국내에서는 쉽게 접할 수 없는 고전 영화와 예술영화가 일상적으로 상영되고 있어서 전국의 영화광으로부터 많은 부러움을 사기도 했다. 시네마테크부산은 부산 영화문화의 다양성을 지키는 데 있어서 큰 역할을 담당했다. 시네마테크 부산에서 한해 상영되는 영화가 300편 정도였는데, 이것은 국내에서 한해에

©LEE Inmi

수영만 요트경기장 내에 있던 시네마테크부산

개봉되는 영화 편수와 맞먹는 숫자였다. 또한, 단순히 영화를 상영하는 데
서 그치지 않고 다양한 형태의 교육 프로그램과 시네 클럽 형태의 영화 토
론 프로그램 등을 운영함으로써 부산 지역 영화 문화를 심화시키는 데 기여
하였다.

바다를 접하고 있는 뛰어난 입지조건도 시네마테크 부산이 큰 사랑을 받았
던 이유였다. 관객의 영화적 체험을 중심으로 영화에 대한 생각들을 기술한
장 루이 세페르의 『영화의 일상적 인간L'homme ordinaire du cinéma』의 마
지막 장은 영화가 끝난 후 극장을 빠져나오는 순간, 다시 말해 환상과 현실
사이의 경계가 아직 모호한 순간에 대한 묘사로 이루어져 있다. 그런 점에
서 극장은 일종의 중간계 혹은 두 개의 세계에 가로 걸린 다리 같은 것이다.
영화적 체험은 바로 이 미묘한 공간에 대한 육체적, 정신적 체험인 셈이다.
시네마테크 부산의 경우, 극장으로서 핵심적인 공간인 상영관 외에도 자료실, 실외에 설치된 카페테리아, 그리고 극장 내부 벽면에 전시된 핸드프린트 등은 시네마테크 부산을 차별적인 공간으로 인식하게 만드는 물리적 환경들이었다. 또한, 영화 감상 외에도 이론과 실기 교육, 영화 감상과 연계된 다양한 토론회 등의 무형적 환경은 관객들에게 멀티플렉스 극장과는 차별화된 문화적 체험을 가능하게 만들었다. 이러한 특화된 공간 경험은 시네마테크 부산의 관객들에게 자기만족의 차원을 넘어 스스로를 이 공간의 주인으로 인식하게끔 했다. 이것은 시네마테크 부산이 철거될 당시 관객 중 한 사람이 시네마테크 부산은 '회원들의 공간'이며 시네마테크는 '시설이 아니라 정신'이라고 말한 것에서도 확인된다.

장 루이 세페르에 따르면 영화관에 간다는 것은 '시간 그 자체로 들어가는 것'이며, 영화적 체험은 곧 새로운 시간의 체험이자 지각이다. 모든 영화가 일종의 시간여행을 관객들에게 선사하지만, 시네마테크 부산과 같이 고전 영화들을 주로 상영하는 극장에서는 수십 년 전의 형상들과 기억들이 현재화되어 관객 앞에 나타난다는 점에서 이곳이 선사하는 시간 체험은 남다를 수밖에 없다. 시네마테크 부산은 한 지역 혹은 한 국가 더 나아가 인류의 영화적 유산을 현재적 시점에서 만날 기회를 제공했다. 또한, 희미한 과거의 흔적들을 선명한 현재적 지각으로 체험하게 해주었다. 그런 점에서 시네마테크 부산은 부산의 영화 관객에게 가장 경이로우면서도 친숙한 시간 체험장치였다. 부산 시네필의 많은 사랑과 지지를 받았던 수영만 시네마테크부산은 2011년 9월 그 기능과 조직을 영화의전당으로 이관하면서 폐관되었다.

영화의전당

영화의전당은 2011년 9월 문을 열었다. 부산국제영화제 전용관 용도로 건립된 영화의전당은 비프힐과 시네마운틴으로 구성되어 있다. 비프힐은 이름에서 알 수 있듯이 부산국제영화제 사무국이 사용하는 공간이며 시네마운틴은 하늘연극장, 중극장, 소극장, 시네마테크, 인디플러스 등 총 5개의 극장이 들어서 있는 상영공간이다.

영화의전당은 광장 전체를 뒤덮고 있는 거대한 지붕으로 유명하다. 영화의전당이 이처럼 거대한 지붕을 가지게 된 가장 큰 이유는 부산국제영화제 개·폐막식을 원활하게 진행하기 위해서였다. 야외에서 열리는 개·폐막식은 늘 날씨의 영향을 크게 받을 수밖에 없었는데 거대한 지붕 덕분에 영화

©LEE Inmi

제 측은 큰 고민을 덜 수 있었다.

영화의전당에서는 부산국제영화제 외에도 부산국제단편영화제, 부산국제 어린이청소년영화제, 부산독립영화제 등이 개최된다. 영화제가 열리지 않 는 기간에는 개봉영화나 고전 영화들이 상영된다. 규모가 큰 중극장과 하늘 연극장은 블록버스터 개봉작들이 주로 상영되고, 소극장은 이른바 예술영 화들이 주로 상영된다. 시사실 용도로 만들어졌다가 이후 상영관으로 용도 가 변경된 인디플러스는 독립영화를 전문적으로 상영하는 공간이다. 시네 마테크관은 예전 시네마테크 부산의 기능을 이어받아 고전 영화를 주로 상 영한다.

영화의전당은 시네마테크 부산으로부터 기능과 인력뿐만 아니라 관객들도 이어받았다. 시네마테크 부산의 관객 중 상당수가 영화의전당으로 옮겨 왔는데, 자발적으로 자신의 기호에 맞는 영화를 찾아다니는 이 관객들이야말로 부산의 대표 관객이라 칭해도 무방할 것이다. 흥미로운 것은 이 열혈 시네필의 연령대다. 개관 당시 영화의전당은 관객들을 대상으로 설문조사를 한 바 있는데, 설문에 답한 관객 중 여성 관객의 31.7%, 남성 관객의 43.5%가 50대인 것으로 나타났다. 여성 관객의 경우, 40대와 50대를 합친 비율은 60%가 넘었다. 전통적으로 시네필 문화를 주도한 것은 청년세대였다. 1960년대 프랑스, 1970년대 미국, 1990년대 한국 등에서 일어난 영화 운동의 중심 세력은 예외 없이 청년세대였다. 따라서 부산 시네필 문화의 중심에 중년 세대가 자리 잡고 있다는 것은 매우 이례적인 현상이라고 할 수 있다. 부산에 중년 영화광이 많은 이유를 명확히 설명하기는 어렵다. 부산국제영화제의 역사가 20년을 넘기면서 영화를 즐기는 사람이 늘어났기 때문일 수도 있고, 부산에 중년 세대가 즐길만한 문화가 영화 외에 마땅히 없기 때문일 수도 있다. 이유가 어쨌든 중년 관객층이 두껍다는 사실에서 부산 영화문화가 꽤 성숙해있으며 다양한 영화에 대한 수요도 상당하다는 결론을 끌어낼 수 있다. 그런 만큼 영화의전당이 감당해야 할 책임도 막중하다.

하지만 과연 영화의전당이 그 역할을 다하고 있는지는 의문이다. 영화의전당은 건립 이전부터 부산영화계에서 논란의 대상이었다. 앞서 말한 것처럼 영화의전당은 부산국제영화제 전용관으로 사용하기 위해 설립되었다. 하지만 애초 400억 원 규모로 추정되던 건축 예산이 설계 공모 등을 거치면서

1,700억 원으로 4배 이상 불어나면서 지역 영화계의 반발도 커졌다. 부산국제영화제가 부산뿐만 아니라 한국을 대표하는 행사인 만큼 예산을 더 들이더라도 랜드마크가 될 만한 전용관을 짓는 것이 문제가 없다는 의견도 있었지만, 그동안 부산시가 건물을 짓거나 축제를 여는 데만 예산을 쓰고 창작자에는 무관심했는데 또다시 건물 신축에 막대한 예산을 투입하는 것은 적절하지 않다는 의견도 제기되었다. 더 큰 문제는 전용관이 설립된 이후 누가 어떻게 운영할 것인지가 결정되지 않았다는 점이었다. 부산국제영화제 전용관인 만큼 부산국제영화제가 맡아야 한다는 의견도 있었지만 결국 독립된 재단법인이 운영하는 것으로 결정되었다.

부산국제영화제가 한 발 뒤로 물러나면서 영화의전당의 운영 방침에도 변화가 생겼다. 애초 영화의전당은 고전 영화나 부산국제영화제 초청작을 주로 상영하는 대안 극장으로 기획되었지만, 문을 열고 난 뒤 얼마 지나지 않아 수익성 확보라는 명분을 내세워 블록버스터 영화를 상영하기 시작한 것이다. 1,700억 원이나 되는 예산을 투입한 공공 상영관에서 멀티플렉스 체인에서도 볼 수 있는 영화를 상영하는 것이 적절한지에 대해서는 길게 이야기할 필요가 없을 것이다. 물론 고전 영화를 상영하는 시네마테크 관이나 독립영화를 상영하는 인디플러스관이 있으니 문제가 없지 않냐고 항변할 수도 있다. 하지만 현재 시네마테크 관의 역할은 예전의 시네마테크 부산의 역할에서 조금도 나아진 것이 없다. 인디플러스의 경우, 애초 상영관이 아니라 시사실로 만들어진 곳이어서 정상적인 극장이라고 말하기는 어렵다. 겨우 30석이 조금 넘는 규모의 극장을 운영하면서 독립영화를 우대하는 것처럼 이야기하는 것은 독립영화인 입장에서는 받아들이기 힘든 일이다. 웅장한 외형만큼이나 책임감 있는 운영을 기대했던 사람들로서는 실망스러운 일이 아닐 수 없다.

우리에게 왜 좋은 극장이 필요한가?

레지스 드브레는 "영화관은 누구나 혼자임을 느끼는 공적인 장소"라고 말한다. 심은진에 따르면 영화관은 다성적 polyphonic 공간이며, 바흐친적인 의미의 축제 공간이다. 영화관은 '스크린 위의 수많은 환영과 그 환영에 사로잡힌 관객들이 만나는 장소'이며 '여러 주체가 서로 얽히는 장소'이며 '주체와 타자들이 서로 교차되고 중복되는 공간'이다.

멀티플렉스 역시 사람들이 모이는 공간이지만, 그곳은 더 이상 다성적 공간이나 축제의 공간이 아니다. 멀티플렉스에서 상영되는 영화 자체가 단성적일뿐만 아니라 지루하게 이어지는 광고, 똑같은 포장지의 팝콘 봉지, 올바른 관람 태도를 가르치는 일련의 영상들, 그리고 상영이 끝나기 무섭게 켜지는 조명은 몰아적이고 일탈적인 카니발의 분위기를 기대하기 어렵게 만든다. 천편일률적인 분위기의 멀티플렉스가 주류를 형성하면서 내밀하고 고유한 영화문화는 위협받게 된다. 멀티플렉스에 모인 관객이란 버스 정거장에 서 있는 사람들처럼 잠시 모였다가 이내 흩어져버리는 존재이기 때문이다. 이에 반해 예술영화관이나 시네마테크를 찾는 관객은 사라진 공동체의 기억을 복원하려고 애쓰는 사람들이다. 예술영화전용관이나 시네마테크를 즐겨 찾는다는 것은 현대적인 삶의 규칙에 대한 도전이기도 하다. 현대적인 도시의 삶은 그 구성원들에게 익명의 개인으로 존재하기를 강요하는 반면, 시네마테크를 중심으로 한 영화적 공동체에 속한 사람들은 텔레비전이 강요하는 파편화된 삶, 멀티플렉스가 강요하는 획일화된 삶을 거부하기 때문이다.

영화는 지금도 여전히 많은 가능성과 풍부한 잠재력을 가진 예술 매체다. 자본의 논리가 영화의 다양성을 위협하고 있지만, 여전히 국내외에서 영화의 잠재력과 가능성을 확인시켜주는 작품들이 만들어지고 있다. 지역에서 개최되는 영화제들이 이런 다채로운 영화들과 관객 사이의 소통을 위한 비상구 역할을 담당하고는 있지만, 일상의 영화문화를 변화시키기에는 한계가 있을 수밖에 없다. 과거의 시네마테크 부산처럼 다양한 영화가 존재하는 영화관, 사색과 휴식을 할 수 있는 영화관, 사람과 사람이 교류하는 영화관이 늘어날 때 우리는 강요된 익명의 문화에서 벗어나 문화적, 예술적 공동체를 회복할 수 있을 것이다.

부산영화,
그들이 있기에

한국영화기술의 선구자, 이필우

한국영화 기술의 개척자, 이필우의 이름 앞에는 언세나 '최초'라는 수식어가 붙는다. 일제 강점기에 활동했던 영화인 중 한 사람인 이필우는 1920년 〈지기〉로 한국영화 최초의 촬영기사라는 호칭을 얻게 된다. 1924년에는 최초로 한국인의 자본과 기술로 제작되고 한국의 배우들이 출연한 영화 〈**장화홍련전**〉을 촬영하게 된다. 1935년, 이필우는 한국 최초의 유성영화 〈**춘향전**〉에서 촬영뿐만 아니라 녹음까지 직접 담당하게 된다. 36년간 영화계에서 활동하면서 총 41편의 영화에 참여한 이필우는 영화기술에 대한 지식과 정보가 부족한 당시 한국영화계에서 드물게 촬영과 녹음 외에도 편집, 현상, 조명, 등 영화기술 전 분야에 걸쳐 탁월한 업적을 남겼다. 또한 영화기술 분야 외에도 영화 연출, 제작, 시나리오 등 영화 전 분야에 걸쳐 활동한 한국영화의 개척자 중 한 사람이다.

이필우는 1897년 11월 27일 서울에서 2남 2녀 중 장남으로 태어났다. 이필우의 부친은 지금의 을지로 지역에서 시계방을 운영하고 있었는데, 부친의 가게에서 취급하던 환등기나 사진기 등을 접하면서 이필우는 어린 시절부터 영상 장비와 친숙해질 수 있었던 것으로 알려져 있다.

열일곱이라는 이른 나이에 우미관에서 영사기사로 일하면서 영화 장비에 대한 기술을 익히기 시작한 이필우는 1916년 일본으로 건너가 본격적으로 영화기술을 습득하기 시작한다. 오사카의 데이고쿠키네마의 촬영소에서 촬영 견습생으로 일하면서 어깨너머로 영화기술을 익힌 이필우는 이후 시사실 기사로 일하면서 영사 및 촬영 기술에 대한 지식과 경험을 쌓게 된다.

1919년 고종황제의 장례식 촬영을 맡았던 이필우는 1920년 문예 단장이었던 이기세의 제안에 따라 〈지기〉의 촬영을 맡게 된다. 이 영화에서 촬영, 현상, 스틸 사진 등을 담당하면서 이필우는 스물세 살의 이른 나이에 한국 최초의 촬영기사라는 호칭을 얻게 된다.

관동대지진이 일어난 이후 일본을 떠나 귀국한 이필우는 1924년 〈**장화홍련전**〉을 촬영하게 된다. 〈**장화홍련전**〉은 당시 일본인 하야가와가 제작한 〈**춘향전**〉이 큰 성공을 거두자 이에 자극을 받은 단성사의 극장주였던 박승필이 제작한 영화다. 〈**장화홍련전**〉은 일본인 자본이 지배하던 당시 한국영화계에서 우리 자본과 기술로 만들어진 영화도 경쟁력을 가지고 있음을 입증한 영화라는 의미가 있다. 이 영화에서 이필우는 촬영과 편집과 현상을 담당하였다.

1925년 이필우는 이구영과 손잡고 고려영화사를 창립하면서 직접 영화제작에 뛰어든다. 이구영과 강홍식이 공동으로 연출한 〈**쌍옥루**〉(1925)에서 제작과 촬영, 편집을 담당했던 이필우는 1926년 『조선일보』에 연재된 노수현의 다섯 컷 만화 『멍텅구리』를 각색한 영화 〈**멍텅구리**〉를 연출하면서 감독으로 활동 영역을 넓게 된다. 이 영화는 이필우가 직접 제작, 각색, 감독, 촬영, 편집 현상 등 1인 6역을 담당한 야심작이었지만 기대와는 달리 흥행과 비평에서 참패하고 만다. 1927년에는 현직 기생을 출현시켜 화제를 모은 〈**낙양의 길**〉(1927)에 이어 명월관 기생 '강명화'의 사랑과 죽음을 그린 〈**홍련비련**〉을 연출하면서 다시 한번 감독의 길에 도전하기도 하였다.

영화 전 분야에 걸쳐 전 방위적인 활동을 펼치던 이필우는 이 무렵 나운규의 〈아리랑〉 시리즈를 두고 신문지상에서 서광제와 벌인 격렬한 논쟁을 벌이기도 하는데, 이를 통해 이필우가 단순한 영화기술자가 아니라 자신의 예술적 관점을 확고하게 구축한 영화인이었음을 미루어 짐작하게 된다.

1935년 이필우는 다시 한번 기념비적인 작품에 참여하게 된다. 이필우의 동생인 이명우가 연출을 담당하고 이필우 자신이 촬영과 녹음을 담당한 〈춘향전〉이 바로 그 작품이다. 이 영화는 한국 최초의 유성영화라는 점에서 중요한 의미를 가진 작품이다. 1927년 세계 최초의 유성영화 〈재즈싱어〉가 등장한 이후, 세계적으로 유성영화 붐이 일어나게 된다. 영화기술에 많은 관심이 있었던 이필우가 유성영화에 관심을 가진 것은 당연한 일일 것이다. 1931년, 이필우는 평안남도 진남포에서 나운규를 만나 유성영화 제작에 대해 논의한다. 이후 일본으로 건너간 이필우는 직접 장비를 구입해서 옛 동료인 나카가와와 더불어 독자적인 유성영화 연구에 몰두하게 된다. 이필우는 당시 유행하던 디스크방식의 녹음기술이 아닌 사운드필름 방식의 녹음기술을 익히기를 원했다. 이를 위해 이필우는 20세기폭스사 뉴스팀이 촬영을 하고 있던 상해로 건너간다. 당시 상황에 대해 이필우는 미국 촬영팀이 특허품이라며 사운드 장비를 보여주지 않자 중국인 관계자에게 용돈을 쥐여주고 장비를 훔쳐보았노라고 회고하고 있다. 상해에서 문제 해결의 실마리를 찾은 이필우는 이후 나카가와와의 공동 연구를 통해 쯔시바시 녹음 장치의 사용법과 P.K.R. 발성 장치 기술을 습득하게 된다. 놀라운 것은 견습생 시절이나 사운드 장비 기술 습득 과정에서나 이필우가 제대로 된 교육을 받지 않고도 탁월한 눈썰미만으로 첨단 영화 기술을 자신의 것으로 만들었다는 사실이다. 〈춘향전〉은 이기세가 각본을, 이필우의 동생 이명우가 연출을, 이필우 자신은 촬영과 녹음, 현상, 조명 등 기술 분야 대부분을 담당한 영화다. 1935년 10월 4일 단성사에서 개봉되었는데, 스크린 위에 등장하는 배우가 한국말을 한다는 사실이 당시 한국 관객들에게 화제가 되면서 흥행에서도 큰 성공을 거두게 된다. 작품의 완성도에 대한 평가는 그다지 호의적이지 않았지만, 이 영화가 선보인 기술적 진보만큼은 긍정적인 평가를 받았다. 〈춘향전〉을 계기로 이필우는 한국 영화계 최고의 테크니션으로 인정받게 된다.

이필우는 한국영화의 기술적 발전에 큰 족적을 남겼지만, 그 또한 세대교체의 흐름을 거스를 수는 없었다. 1930년대 후반부터 일본 유학파 감독이 들어오면서 한국영화계에서 그의 활동 영역은 줄어들게 된다. 만주 지역으로 떠났던 이필우는 해방 직후 귀국하여 미공보원에서 영화기술을 관리하는 역할을 맡게 된다. 이후 1950년 한국전쟁이 발발하면서 미처 피신하지 못한 이필우는 북한군에 체포되고 그의 동생이자 영화적 동료였던 이명우는 납북되고 만다. 전쟁이 끝난 후, 이필우는 안양촬영소 건립에 현장감독으로 참여하였으며 촬영소 완공 이후에는 초대 촬영소장을 역임하기도 하였다.

1960년, 이필우는 현역 생활을 청산하고 자녀들이 살고 있던 부산에 정착하게 된다. 부산 정착 이후, 이필우는 '부산예술학원'을 개설하고 후학 양성에 힘을 기울인다. 오랜 기간 영화현장에서 축적한 경험과 지식을 토대로 영화기술과 한국영화사에 대한 강의를 진행하였으며, 부산에서 제작되는 뉴스 영화 등에도 관여하게 된다. 1964년에는 부산에서 활동하던 영화인들을 규합하여 한국영화인협회 부산지부를 창립하고 초대지부장으로 취임하게 된다.

이필우의 부산 시기 활동 가운데 눈길을 끄는 것은 영화촬영소 건립 계획이다. 홍영철의 연구에 따르면 당시 이필우는 태종대에 영화 촬영소를 건립할 계획을 세우고 부산시장을 만나 구체적인 계획을 전달하기도 했다고 한다. 군부대 이전 문제 등으로 인해 당대에 실현되지 못했던 그의 계획은 1990년 대 중반 이후 부산에 영화스튜디오 등이 건립되면서 뒤늦게나마 실현된다. 부산에 정착한 지 18년이 지난 1978년 10월 20일, 이필우는 여든한 살의 나이로 세상을 떠나게 된다. 2000년, 부산영화평론가협회는 이필우가 한국영화사에 남긴 탁월한 업적을 기리고자 '이필우 기념상'을 제정하였다. 매년 부산영화평론가협회상 시상식에서 수여되는 이 상의 수상자로는 정일성 촬영감독, 김동호 조명기사, 김 현 편집기사, 이성춘 촬영감독, 이경순 녹음기사, 홍영철 한국영화자료연구원 원장 등이 있다.

영화도시를꿈꾼부산청년,김지석

부산국제영화제 프로그래머. 이 호칭만큼 김지석에게 익숙하고 어울리는 호칭은 없을 것이다. 부산국제영화제가 탄생하는데 가장 큰 공을 세운 사람이며, 프로그래머로서 아시아영화의 대부로 자리 잡았다.

영화를 좋아했던 소년 김지석

김지석은 부산에서 태어나 부산에서 성장했다. 10대 시절부터 김지석은 남포동 극장가에서 영화를 보고 보수동 헌책방에서 영화 잡지를 구매하면서 영화광의 열정을 불태웠다고 한다. 부산대학교 기계공학과에 진학했지만, 전공보다 더 그의 마음을 사로잡았던 것은 영화였다. 그 무렵의 시네필들이 대개 그랬듯이 김지석 역시 동아리 활동으로 영화에 대한 갈증을 달랬다. 부산 영화광들의 아지트였던 프랑스문화원은 김지석에게는 또 하나의 학교였다.

읽을 만한 영화 책이 없다는 생각에 대학 동아리 활동 시절 직접 영화 교과서를 만들 정도로 열혈 영화광이었던 김지석에게 든든한 동료들이 등장한 것은 1980년대 중반이었다. 경성대에 연극영화과가 생기면서 이용관, 전양준 등 젊은 평론가들이 부산으로 오게 되었고, 여기에 김지석과는 고등학교 시절부터 절친한 관계였던 오석근까지 더해 훗날 부산국제영화제 창립멤버가 될 사람들이 한자리에 모이게 된 것이다.

영화제를 꿈꾸다

대학을 졸업한 이후 김지석은 중앙대학교 대학원에 진학해 본격적으로 영화를 공부하게 된다. 졸업 이후 그는 부산에서 강의를 병행하면서 평론가로 활동한다.

1989년 김지석은 이용관, 전양준과 함께 영화평론지 「영화언어」를 창간한다. 국제영화제에 대한 꿈을 품기 시작한 것도 이 무렵이었다. 당시만 해도 국내에서는 고전 영화나 해외 영화제 수상작들을 극장에서 보기가 어려웠다. 평범한 영화광이라면 비디오테이프로 영화를 감상하는 것으로 만족했을지 모르지만, 영화평론가 입장에서는 필름으로 된 원본을 보지 못한다는 것이 매우 답답하게 느껴졌을 것이다.

김지석 본인의 회고에 따르면 영화제에 대한 꿈을 꾸게 된 결정적인 계기는 1991년 일본에서 열리는 야마가타국제다큐멘터리영화제 참석이었다. 예나 지금이나 국내에서 다큐멘터리 영화는 대중적으로 그리 인기가 많지 않다. 하지만 해외는 사정이 조금 다르다. 다큐멘터리 영화의 제작 편수도 많고 경향도 다양하다. 당연히 이런 영화들을 소개하는 영화제도 상당히 많고, 개중에는 꽤 역사가 긴 영화제들도 있다. 야마가타국제다큐멘터리영화제도 그중 하나다. 김지석은 이 영화제에서 상당히 깊은 충격을 받게 된다. 야마가타국제다큐멘터리영화제가 규모가 그리 크지는 않지만, 내실이 있는 영화제라는 점이나 스타 배우들보다는 작품과 감독에 초점을 맞춘 영화제라는 점은 김지석이 부산에서 국제영화제를 개최하는 것이 불가능한 꿈이 아니라는 확신을 갖게 만들었을 것이다. 이후 그는 자비로 해외 영화제를 다

Uk.Sang'17

니면서 자기만의 꿈을 키워나가게 된다.

김지석의 대학 후배이자 부산에서 오랜 기간 활동해 온 강소원은 'BIFF는 오로지 김지석의 꿈이었고, 모든 게 그에게서 시작되었다'면서 김지석이 없었다면 BIFF는 없었을 것이라고 말한다. 강소원의 말대로 영화제에 대한 꿈을 가장 먼저 품었고, 그 꿈을 실현하기 위해 동료들을 설득하고 발품을 판 사람은 김지석이었다. 십 대 시절부터 김지석과 영화로 우정을 나누었던 오석근 감독은 처음 김지석이 영화제 이야기를 꺼냈을 때 얼토당토않은 이야기로 받아들였다고 한다. 하지만 결국 그는 김지석의 설득에 영화감독의 꿈을 접고 부산국제영화제 초대 사무국장 일을 맡게 된다. 부산국제영화제의 출범을 이끈 이용관, 전양준도 영화제의 일등 공신은 김지석이었다고 입을 모은다. 영화제 출범 이전에 부업으로 프라모델 가게를 운영할 때에도 그는 장사보다는 영화제에 더 관심이 많았다고 한다. 프라모델 상자가 쌓여있는 광안리의 작은 가게 한구석에서 사람들에게 영화제가 얼마나 멋진 것인지, 또 어떻게 하면 부산에서 국제영화제를 열 수 있는지 열을 올리며 이야기하는 김지석의 모습을 상상해보면 마치 영화 속 한 장면을 보는 것 같은 기분이 든다. 이런 순수한 열정이 있었기에 모두가 불가능하다고 생각했던 일을 현실로 만들 수 있었을 것이다.

영화제, 닻을 올리다

1994년 부산영화평론가협회가 주최한 세미나에서 국제영화제 창설이 거론되고 재정적 후원자도 구하게 되면서 영화제 창설은 급물살을 타게 된다. 1995년 8월 18일, 김지석은 이용관, 전양준과 함께 서울로 올라가 김동호 전 문화부 차관을 만나 영화제 초대 집행위원장을 맡아달라고 요청한다. 김동호 전 차관이 이들의 제안을 받아들이면서 영화제의 밑그림이 완성단계에 접어들게 된다. 돌이켜보면 순수한 열정 하나로 불가능해 보이던 일을 마침내 성사시킨 김지석도 대단했지만, 맨주먹으로 자신을 찾아온 젊은 영화인들을 뿌리치지 않고 그들의 손을 맞잡은 김동호 이사장도 대단했다는 생각이 든다.

출범 준비를 하던 도중 후원을 약속했던 기업인이 약속을 철회하면서 어려움을 겪는 등 우여곡절도 많았지만 결국 부산국제영화제는 열리게 되었다. 영화제를 준비하던 시절 사무국 운영자금이 없어 고민할 때 자신의 결혼자금으로 모아두었던 돈을 내놓을 정도로 영화제에 대한 애정이 넘쳤던 김지석은 자신의 꿈이었던 국제영화제가 출범하던 그해에 결혼을 한다. 아마 김지석이 자신의 인생을 회고한다면 1996년을 가장 잊을 수 없는 해로 꼽았을 것 같다.

부산국제영화제는 출범과 동시에 아시아영화의 창구로 주목받게 된다. 『아시아영화의 이해』, 『아시아영화를 다시 읽는다』 등 다수의 아시아영화 관련 저서를 내놓기도 한 김지석 프로그래머의 역할도 더욱 커질 수밖에 없었다. 많은 아시아의 영화인들이 김지석 프로그래머를 만나기를 원했고 그는 그 요구에 성실히 응했다. 김지석 프로그래머와 함께 영화제에 참석했던 사람마다 입을 모아 도대체 그가 언제 잠을 자는지 궁금하다고 말했을 정도로 그는 열심히 영화를 보고 열심히 사람들을 만났다. 그 결과 김지석 프로그래머는 전 세계 누구도 넘볼 수 없을 정도로 단단한 인적 자산을 구축할 수 있었고, 이 네트워크는 고스란히 부산국제영화제의 자산으로 축적되었다.

아시아영화에 대한 김지석 프로그래머의 남다른 애정과 지식은 영화제 개막식에서 확인된다. 수많은 국내외 영화인들이 참석하는 레드 카펫 행사가 열릴 때면 늘 김지석 프로그래머는 마이크를 잡고 "지금 OOO감독이 들어오고 있습니다"라고 안내방송을 하곤 했다. 영화제 수석 프로그래머가 그런 수고스러운 일을 직접 도맡아서 한다는 것도 인상적이었지만, 더 놀라운 것은 그가 수많은 해외 게스트들의 이름을 정확히 알고 있다는 사실이었다. 부산국제영화제에 초청된 손님 중에는 누구나 알만한 톱스타도 있지만, 이제 막 영화를 만든 신인 감독도 많았다. 특히 아시아권 감독들의 경우는 이름도 길고 발음도 생소해서 영화평론가나 영화제 프로그래머들도 그 이름을 제대로 외우지 못하는 경우가 많았다. 사실 아피찻퐁 위라세타쿤, 위시트 사사나티앙, 모흐센 마흐말바프, 키엔체 노르부 같은 아시아권 감독들의 이름을 막힘없이 발음하는 것이 쉬운 일은 아니다. 하지만 김지석 프로그래머의 생각은 달랐다. 우리나라 영화평론가들이 서양 감독의 이름은 잘 외우면서 아시아 감독의 이름은 제대로 발음하지 못하는 것은 그만큼 아시아영화를 중요하게 생각하지 않기 때문이라고 그는 말하곤 했다. 거꾸로 얘기하면 김지석 프로그래머가 아시아영화인의 이름을 쉽게 말할 수 있었던 이유는 그가 그만큼 아시아영화를 사랑하고 아시아영화인들과 많은 교류를 나누었기 때문일 것이다.

인간 김지석

김지석 프로그래머는 2017년 5월 18일 제70회 칸국제영화제에 참석했다가 심장마비로 세상을 떠나고 만다. 관련 소식을 다룬 신문기사와 영화제 관계자들의 얘기를 종합해보면 칸에 도착한 5월16일부터 김지석 프로그래머의 몸 상태가 좋지 않았다고 한다. 현지 병원에 들러 검사를 받기도 했지만 별다른 이상이 발견되지 않아서 숙소에서 휴식을 취한 뒤 일정을 앞당겨 귀국하기로 했는데, 그만 예상치 못한 일이 벌어진 것이다.

칸영화제가 열리는 현지에 추모공간이 마련되었고 부산에도 영화의전당에 고인을 기리는 공간이 마련되었다. SNS에는 그와 인연을 맺었던 수많은 국내외 영화인들의 애도의 글이 올라왔다.

향년 57세. 누군가는 칸에서 숨을 거둔 그를 가리켜 영화제 프로그래머의 운명을 타고난 사람이라고 말하기도 했다. 그 말처럼 칸은 김지석 프로그래머가 세상과 작별하기에 가장 적합한 곳이었는지도 모른다. 하지만 57세라는 나이와 지난 몇 년간의 상황을 생각하면 그의 죽음을 쉽게 받아들이기 힘들다. 부산국제영화제 사태가 벌어진 이후 김지석은 홀로 모든 상황을 수습해야 하는 책임을 떠맡게 된다. 영화만을 생각했고 영화 속에서 살았던 그가 노회한 정치인의 술수에 맞서 싸우기란 여간 고된 일이 아니었을 것이다. 모두를 만족하게 할만한 결과를 얻기 어려운 싸움을 이어가다 보니 믿었던 사람들로부터도 비난을 받는 난처한 상황을 맞기도 했다. 이용관, 전양준 등 자신의 동료들이 타의에 의해 영화제를 떠날 때도 그가 끝까지 영화제를 지킨 이유는 언젠가 영화제가 정상화되면 모든 오해가 풀릴 수 있다고 믿었기 때문이다. 또 자기가 그 역할을 해야 한다고 믿었다. 실제로 그는 영화제 사태를 해결하기 위해 고군분투했다. 많은 사람을 만나 협조를 요청했고 좋은 아이디어를 달라고 제안하기도 했다. 모든 이야기의 끝은 늘 부산국제영화제 이야기로 마무리되었고, 그때마다 그는 이용관, 오석근 등에 대한 미안함과 안타까움을 호소하곤 했다. 또 늘 영화 이야기만 하던 그가 SNS에 정치적 견해를 거침없이 드러내서 여러 사람을 놀라게 하기도 했다. 김동호 초대 집행위원장이 이사장에 취임하고 영화제의 민간 이양이 진행되면서 그는 영화제 정상화를 위한 첫 발걸음이 시작되었다고 생각했다. 정권이 교체되고 부산국제영화제에 대한 정치적 탄압의 전모가 조금씩 드러나면서 그는 영화제 정상화가 더욱 빨리 이루어질 것이라고 믿었다. 하지만 시간은 그를 기다려주지 않았다. 누군가는 그의 죽음으로 인해 영화제의 정상화를 가로막던 갈등이 해소될 가능성이 열릴지도 모른다고 말했다. 만일 그렇게 된다면 부산국제영화제는 또 한번 큰 빚을 지게되는 셈이다.

김지석 프로그래머의 장례를 준비하던 영화제 스탭은 "추모 영상을 만들고 있는데 선생님이 사진 중간에 있는 사진이 거의 없어요"라고 말했다고 한다. 그가 늘 자신이 사랑하는 감독과 배우에게 무한한 존경을 표해왔다는 사실은 잘 알려졌지만, 이런 증언을 들을 때면 이처럼 겸허하고 영화에 대한 애정으로 충만했던 사람을 더 이상 볼 수 없다는 현실이 다시금 안타깝게 느껴진다.

영화제를 위해 결혼 자금을 내놓았던 사람, 낯선 아시아 감독들의 이름을 막힘없이 외던 사람, 영화제를 찾은 친구들을 위해 하루에 10끼도 넘는 식사를 했던 사람, 수많은 사람들과 수많은 사진을 찍었지만 늘 가운데 자리는 남에게 양보했던 사람, 그는 이제 없다. 그가 사랑했던 부산국제영화제를 정상화하고 부산영화를 발전시키는 일은 이제 남은 자들의 숙제가 되었다.

홍영철, 부산영화를 기록하다

프랑스가 자랑하는 영화 관련 유산 가운데 하나가 시네마테크 프랑세즈다. 일종의 영화박물관이라고 할 수 있는 시네마테크 프랑세즈의 자료실에는 전 세계의 고전 영화들이 보관되어 있다. 지금은 영화가 인류의 문화유산으로 널리 인정받고 있지만, 시네마테크 프랑세즈의 창립자인 앙리 랑글루아가 처음 영화 필름을 수집하기 시작했을 당시에는 아무도 그 가치를 인정해 주지 않았다.

영화의 문화유산적 가치

유난히 영화를 좋아했던 앙리 랑글루아는 자신이 아끼는 영화들이 극장 상영이 끝나고 나면 소각장에서 한 줌의 재로 사라지는 현실에 안타까움을 느껴 사재를 털어 영화를 사 모으기 시작했다. 처음에는 변변한 창고도 없어서 자신의 집에 필름을 쌓아두었다. 어렵사리 후원자를 구하면서 랑글루아의 필름 수집은 본격화되었다. 이런 과정을 거쳐 수집된 필름 자료를 모태로 시네마테크 프랑세즈가 창립되었다. 현재 시네마테크 프랑세즈는 수집 목록을 더욱 확대해 나가고 있다. 영화 외에도 영화의 포스터, 시나리오, 영화인들이 남긴 편지나 메모 등의 문헌 자료나 영화인의 사진 혹은 촬영 현장을 기록한 사진 등의 영상 자료 외에도 영화에 사용된 소품이나 의상 등 영화와 관련된 대부분의 자료를 수집, 보관, 전시하고 있다. 이를 통해 시네마테크 프랑세즈는 전 세계 최고의 영화박물관으로서 위상을 확고히 다지

Uk-Sang 17

고 있다.

앙리 랑글루아와 같은 선각자가 없었던 우리 영화계는 필름 자료의 가치를 제대로 알지 못했고, 그 결과 방대한 양의 자료들이 유실되고 말았다. 최근 한국영화의 위상이 높아지고, 한국영화 연구자들의 숫자가 급증하면서 이처럼 유실된 작품에 대한 아쉬움은 더욱 커지고 있다. 그런데 부산영화계에도 앙리 랑글루아 못지않은 열정으로 영화 자료를 수집한 사람이 있었다. 바로 한국영화자료연구원의 홍영철 원장이다.

부산영화의 역사를 발굴하다

1946년 함경남도 원산에서 출생한 홍영철 원장은 1971년부터 사라져가는 영화유산을 발굴하고 수집해왔다. 1967년 박원표의 논문 「부산의 흥행가」를 접한 이후 부산의 극장사에 대한 연구를 본격적으로 시작한 그는 사람들이 주목하지 않았던 부산의 영화자료 수집에 상당한 노력을 기울였다. 특히 일제 강점기에 발간된 신문들을 마이크로필름으로 검색할 수 있게 되면서 홍영철 원장의 사료 발굴과 자료 수집 작업은 탄력을 받게 된다. 사실 마이크로필름으로 된 신문기사를 살피는 일은 생각보다 힘겨운 일이다. 비슷한 작업을 오래 한 학자 중에는 시력이 급격히 나빠지는 경우도 적지 않았다. 이런 부담을 감수하면서도 지치지 않고 자료 발굴과 수집에 노력을 기울였다는 것은 놀라운 일이 아닐 수 없다.

혹자는 우리나라 영화의 중심은 서울인데, 부산의 영화자료를 수집하고 정리하는 일이 대단한 가치가 있는 일이냐고 반문할지도 모르겠다. 하지만 시네마테크 프랑세즈의 사례에서도 알 수 있듯이 동시대에 주목받지 못했던 사료가 후대에 재평가되는 일은 드문 일이 아니다. 홍영철이 자료 수집을 시작했던 1970년대에는 침체되어 있던 부산영화가 1990년내 이후 활력을 되찾으면서 부산영화와 관련한 사료의 가치는 이미 재평가가 시작되고 있다.

홍영철 원장의 최대 공로는 부산 최초의 극장으로 알려진 행좌의 사진을 발견한 일일 것이다. 1903년에 촬영된 이 한 장의 사진은 부산에서 최초로 영화가 상영된 시기를 이전보다 1년 앞당겨 놓았다. 홍영철이 발견한 사진은 행좌를 찍은 사진이 아니라 인근에 있던 수곡여관을 소개하는 사진이었다. 행좌의 모습은 수곡여관 뒤쪽에 희미하게 남아있어서 이 사진에서 행좌의 모습을 찾아내려면 상당한 집중력과 끈기가 필요했다. 홍영철 원장도 같은 책을 세 번이나 뒤진 끝에 간신히 행좌의 흔적을 찾아냈다고 회고하고 있다.

부산영화의 현재를 기록하다

홍영철 원장의 작업은 단지 과거 자료를 발굴하는 것에만 머물지 않았다. 그는 지역 영화의 현재를 놓치지 않으려고 많은 시간과 노력을 기울였다. 1970년대 말부터 그는 직접 부산의 극장 간판을 촬영하고 다녔다. 매주 상영작이 바뀌는 극장 간판을 촬영하는 일은 끈기도 필요하지만 상당한 체력도 요구하는 일이다. 아무도 주목하지 않는 이 번거롭고 힘든 일을 홍영철 원장은 수십 년간 반복했다. 극장 간판 외에도 부산에서 개최되는 각종 영화제나 관련 행사의 포스터와 카탈로그 등도 홍영철 원장의 수집 대상이었다. 심지어 대학 영화학과의 졸업 작품 DVD나 졸업논문, 심지어 학과에서 개최하는 영화상영회 포스터에 이르기까지 영화와 관련한 모든 자료를 그는 수집했다. 이런 자료들은 공식적으로는 구하기가 어려워 홍영철 원장이 직접 학과를 방문해서 자료를 받아가곤 했다. 자신의 책 서문에서 홍영철 원장은 자신의 작업을 트로이를 발굴했던 하인리히 슐리만의 작업에 비유하기도 했는데, 적어도 홍영철 원장이 보여 준 열정과 끈기, 노력은 슐리만에게 결코 뒤지지 않을 것이다. 자신이 수집하고 발굴한 자료들을 토대로 홍영철 원장은 『한국영화도서자료편람』(1991), 『부산영화 100년』(2001) 『부산영화21』(2001~2004) 등의 저서를 발표하였다. 또한, 한국의 초기 영화 및 부산 영화에 대한 다수의 글을 남기기도 했다.

방대한 자료를 남기고 세상을 떠나다

노구에도 불구하고 여전히 자신의 일에 대한 열정을 불태우던 홍영철 원장은 폐암으로 갑작스레 세상을 떠나고 만다. 세상을 떠나기 몇 달 전 부산국제영화제 총회에서 만난 홍영철 원장은 다소 수척해지긴 했지만 큰 병을 앓고 있는 사람처럼 보이지는 않았다. 하지만 갑작스럽게 병세가 악화되면서 안타깝게도 70세를 일기로 세상을 떠나고 만다. 홍영철 원장의 마지막 고민은 자신이 평생에 걸쳐 수집한 자료의 활용과 보존 방안이었다. 사실 고인의 생전에도 수집한 자료의 활용 방안에 대해 여러 차례 이야기가 오간 바 있다. 공적 지원을 거의 받지 못한 상태에서 개인적으로 자료를 수집하다

보니 공간 문제도 심각한 상황이었다. 오래된 자료들의 경우 홍영철 원장 자신도 보존 상태를 걱정할 정도였다. 한때 한국영상자료원에서도 그의 연구소를 방문하여 자료 이선 방안 등을 논의하기도 했으나 뚜렷한 해결책을 찾지 못한 채 무산되기도 했다. 방대한 자료를 온전히 보전하고 고인의 뜻에 맞게 활용하는 방안을 찾기가 쉽지는 않겠지만 우선 부산영화계라도 먼저 그의 업적을 기리는 작업을 시작해야 할 것이다. 홍영철 원장이 세상을 떠난 2016년 부산영화평론가협회는 이필우 기념상을 그에게 헌정했다.

전수일, 부산에 창작의 열정을 불어넣다

전수일은 창작자로서는 부산에서 가장 중요한 인물이다. 경성대 연극영화학과 1기 입학생인 전수일은 졸업 후 프랑스로 건너가 영화 공부를 이어간다. 귀국 후에는 모교인 경성대 교수로 재직하면서 많은 영화인을 키워냈다. 현재 부산에서 활동하는 영화인 중 상당수는 강의실에서 혹은 영화 현장에서 전수일 감독으로부터 영화를 배웠다.

부산영화의 개척자

교육자 전수일의 공로도 결코 작지 않지만, 창작자로서 전수일이 부산영화에 끼친 영향은 실로 막대하다. 비록 부산국제영화제의 성공적인 출범으로 인해 국내외 영화계가 부산을 주목하기 시작했지만, 부산을 영화가 제작되는 도시로 인식하는 사람은 아무도 없었다. 당시 부산에는 투자자는 물론 제작사도 없었고 제대로 된 영화 장비를 빌릴 수 있는 곳도 없었다. 심지어 영화 스탭도 구하기 힘든 상황이었다. 전수일의 첫 장편영화 〈내 안에 우는 바람〉(1997)은 이런 악조건 속에서 만들어졌다. 이렇게 힘들게 만든 영화가 칸국제영화제 '주목할 만한 시선'에 초청받았다는 사실은 지금 생각해도 놀라운 일이 아닐 수 없다. 그런데 이것은 시작에 불과했다. 전수일은 설경구가 주연한 영화 〈새는 폐곡선을 그린다〉(1999)로 제56회 베니스

국제영화제 '새로운 분야' 부문에, 〈검은 땅의 소녀와〉는(2007)로 제64회 베니스국제영화제 '오리종티' 부문'에 잇달아 초청받게 된다. 칸과 베니스 같은 중요한 영화제 초정 경력만 놓고 보면 전수일은 국내에서 몇 손가락 안에 드는 탁월한 업적을 남긴 감독이다.

부산영화를 넘어

다수의 영화제 초청경력과 수상경력 등을 감안할 때 전수일의 영화를 부산영화라는 틀 안에서 논하는 것이 다소 부적절해 보이는 것은 사실이다. 차라리 지역과 연관 짓지 않고 그의 영화 세계를 다루는 것이 훨씬 더 적절한지도 모르겠다. 하지만 그의 영화는 부산에서 부산의 인력과 기술을 활용해 만들어진 메이드 인 부산영화다. 거기에 부산영화계에서 전수일이 차지하고 있는 위상이나 그가 후배들에게 남긴 막대한 영향력까지 감안하면 부산영화를 이야기하는 첫머리에 항상 그의 이름을 올려놓지 않을 수가 없다.

무엇보다 전수일은 부산에서 제작되는 영화가 전무하다시피 했던 시절에 누구도 예상치 못한 성과들을 잇달아 내놓으면서 부산영화계에 강한 자극을 주었다. 영화를 만들기 위해서는 충무로로 가야 한다는 인식이 보편적이던 그 시절에 부산에서도 완성도 높은 영화를 만들어 낼 수 있다는 사실을 전수일이 입증하면서 많은 후배 영화인들의 인식에 변화가 나타났다. 특히 〈내 안에 우는 바람〉이 칸국제영화제에 초청된 데 이어 〈새는 폐곡선을 그린다〉가 베니스국제영화제에 초청되면서 1990년대 후반 부산영화계는 뜨겁게 달아오르게 된다.

전수일의 제작 방식 또한 부산의 후배 영화인들에게 많은 영향을 끼쳤다. 이미 잘 알려진 사실이지만 전수일은 제작, 연출, 각본은 물론 배급과 상영까지 자기 영화의 전 과정을 자신이 해결한다. 첫 영화 〈내 안에 우는 바람〉에서 최근작에 이르기까지 전수일은 이 방식을 고집하고 있다. 아마도 현재 국내 영화계에서 이런 방식으로 작업을 하는 감독은 전수일과 홍상수밖에 없을 것이다. 그가 이런 고통스럽다고 말할 수밖에 없는 작업방식을 고수하고 있는 이유는 어떤 것으로부터도 방해받고 싶지 않다는 의지, 당대의 주류적 경향에 휩쓸리고 싶지 않다는 자존심, 창작자로서의 독립성을 최대한 유지하려는 감독의 의지 표현이라고 이해하는 것이 옳을 것이다. 지금은 디지털 영화 장비가 보편화되면서 영화 제작비가 상당히 줄어들었지만, 필름을 사용하던 1990년대 말까지만 해도 영화를 만들기 위해서는 많은 돈과 인력이 필요하다는 인식이 보편적이었다. 하지만 전수일은 20년이 넘는 기간 동안 꾸준히 영화를 만들면서 기존의 방식을 따르지 않고서도 얼마든지 영화를 만들 수 있음을 보여주었다. 전수일의 노하우를 직간접적으로 체험한 덕분에 부산의 영화인들은 2000년대 중반부터 많은 독립영화를 내놓을 수 있었다. 비록 산업적인 측면에서는 부산영화가 가야 할 길이 멀지만, 적어도 독립영화의 영역에서 지금 부산의 영화인들은 수도권 영화인보다 더 풍부한 노하우를 축적하고 있다고 말할 수 있다.

경계의 영화

전수일 감독은 경계에 서 있다. 그는 서울을 중심으로 한 수도권이 강력한 구심력으로 대한민국의 자본과 담론을 끌어들이고 있는 상황에서도 꿋꿋이 부산을 무대로 자신의 창작 작업을 계속하고 있다. 이 감독의 삶의 이력을 살펴보면 그가 늘 중심보다는 경계에 서 있는데 익숙하다는 사실을 확인할 수 있다. 전수일 감독은 서울에서 동쪽으로 가장 멀리 떨어진 강원도 속초 출신이다. 청소년기에 실향민인 아버지로부터 사진에 관한 기술을 배운 그는 대한민국의 남쪽 끝 부산에서 대학 시절을 보낸다. 대학을 마친 후 전수일 감독은 영화 공부를 위해 유학을 떠난다. 늘 경계에 선 삶을 살아온 이 감독이 영화 공부를 위해 선택한 국가가 세계영화산업의 중심지인 미국이 아니라 프랑스였다는 사실 또한 흥미롭다. 어쩌면 제작비 마련에서부터 완성된 영화를 배급하는 일까지 자신이 도맡아 하는 그의 작업 태도 역시 늘 경계에 서고자 했던 삶의 철학에서 기인한 것일지도 모르겠다.

언제나 주류에 편승하기보다는 독자적인 길을 모색했던 감독의 삶의 이력은 그의 영화 속에 구체적인 형태로 투영된다. 그의 고향인 속초와 제2의 고향이라고 할 수 있는 부산은 그의 영화 속에서 중요한 공간적 배경으로 등장한다. 그가 유학 시절을 보낸 프랑스의 문화 역시 감독의 작품 속에서 예술적 영감의 원천으로서 작용하고 있다.

늘 경계를 지향하는 감독의 삶의 태도는 그의 영화 속 인물들 속에 투영된다. 감독 스스로 자신의 영화적 모토가 '노마드'라고 밝히고 있는 데서도 알 수 있듯이, 전수일의 영화는 현재적 조건에 안주하기보다는 늘 무엇인가를 찾아

헤매는 인물에 초점을 맞추고 있다. 그리워하지만 돌아가는 것이 불가능한 꿈을 꾸는 자들의 불행한 삶. 기댈 곳을 상실한 자의 삶이라는 주제는 전수일의 영화 전체를 관통하는 공통점이다. 어쩌면 실향민인 그의 부친으로부터 유전된 것일지도 모르는 이 '향수'를 고려하지 않고 전수일의 영화를 이야기하기란 어렵다. 상실된 것을 찾고자 하는 인물들의 갈망은 때로는 구체적인 여행을 통해서 때로는 정신적인 여행을 통해서 형상화된다. 이것이 '자아의 탐색'과 '정체성의 회복'이라는 주제가 〈내 안에 우는 바람〉에서부터 〈새는 폐곡선을 그린다〉와 〈히말라야, 바람이 머무는 곳〉(2008)을 거쳐 〈콘돌은 날아간다〉(2012)에 이르기까지 그의 대부분 영화에 등장하는 이유다.

전수일의 재평가

전수일 감독의 영화는 주제적으로나 제작방식에 있어서나 철저히 사적인 영화라고 말할 수 있다. 그의 영화에 일관되게 드러나는 주제는 개별자의 자아 탐색이며, 그의 영화가 만들어지는 방식 또한 주류이건 비주류이건 기존 영화 집단과는 상당한 거리를 두고 있다. 그렇기 때문에 전수일의 영화를 한국에서 일반적으로 독립영화라는 이름으로 분류되는 영화들이 자리 잡고 있는 좌표 주변에 위치시키는 것도 적절치 못한 일로 보인다. 적어도 한국에서 전수일의 이름 옆에 나란히 놓일 수 있는 이름은 배용균 감독이 유일할 것이다. 하지만 한국의 독립영화사는 배용균이나 전수일의 이름을 수용할 정도의 포용력을 가지고 있지 않다. 이처럼 기존의 틀 속에 전수일의 영화를 묶는 일이 불가능하다면 그의 영화만을 위한 새로운 미학적 좌표

를 찾는 것이 옳을 것이다. 그리고 그 좌표를 찾는 과정은 그의 작품에 내재
된 가치들과 이 가치들을 형성하는데 기여한 감독의 일상적, 영화적 여정에
대한 탐색을 통해서만 발견될 수 있을 것이다.

부산독립영화협회, 부산영화지킴이

부산독립영화협회는 1999년 창립되었다. 한국독립영화협회가 1998년 9월에 창립되었다는 점을 감안하면 사실상 부산독립영화협회는 한국독립영화사의 첫 장을 함께 써 내려간 단체라고 할 수 있다.

부독협 이전의 부산독립영화

부산은 지역으로서는 드물게 자체적인 독립영화의 역사를 가진 도시다. 부산 영화인들의 공식적이고 조직적인 활동이 시작된 것은 부산독립영화협회가 발족한 1999년이다. 하지만 그 이전에도 부산에는 영화와 관련된 모임이나 단체가 존재했다. 프랑스 문화원을 중심으로 한 영화감상 모임도 있었고, '꽃다림'이나 '씨네마떼크 1/24'처럼 창작활동과 감상활동을 병행하는 단체들도 있었다. 비록 이 단체들을 본격적인 영화인 단체라고 규정하기는 어렵지만, 이들의 활동이 부산 영화 운동의 발전에 자양분을 제공했음은 분명하다.

초창기 부산독립영화인들의 활동은 프랑스문화원, 대학가 카페, 종교회관 등을 중심으로 한 영화 감상 및 토론에 무게 중심이 실려 있었다. 이런 시네필적 열정은 사회변혁 운동과 밀접한 관련을 맺으며 성장한 수도권의 독립영화 운동과 부산의 독립영화 운동을 구별 짓는 차이라고 할 수 있다. 영화 감상모임에서 출발한 부산독립영화인들의 활동이 독립영화제 개최로 이어진 것은 자연스러운 현상이라고 할 수 있다. 1999년은 부산독립영화협회가

창립한 해이지만 제1회 메이드인 부산독립영화제가 개최된 해이기도 하다. 협회를 위해 영화제를 만든 것인지 아니면 영화제를 위해 협회를 만든 것인지가 불분명할 정도로 초기 부산독립영화협회의 활동은 독립영화제에 집중되어 있었다. 이런 경향은 2000년대 중반까지 이어진다. 독립영화제 개최 자체가 문제가 될 수는 없지만, 협회의 모든 에너지가 영화제에 집중되다 보니 창작 분야에 대한 고민이 부족할 수밖에 없었다. 그로 인해 부산의 영화산업을 활성화하기 위한 논의들이 활발하게 전개되고 있을 때 부산독립영화협회는 필요한 역할을 제대로 수행하지 못하는 아쉬운 상황을 맞게 된다.

창작활동을 활성화하려는 고민이나 시도가 없었던 것은 아니다. 1999년에는 '젊은 영화인 모임'(가칭)이 결성되었는데, 이 모임에는 전수일 감독의 '동녘필름', 박지원 감독의 영화제작소 '몽', 조성봉 감독이 이끄는 다큐멘터리 집단 '하늬영상', 류위훈 등이 참여한 영상집단 '공장', 사운드 기사인 이성철의 '하늘 필름', 김상화 교수가 주도한 애니메이션 집단 '디지 아트' 등이 참여하고 있었다. 회원들 상호 간의 제작 지원과 공동 상영 등을 목적으로 한 이 단체는 부산독립영화협회 창립의 밑거름 역할을 담당했지만, 협회 창립 이후 조직적인 활동으로 이어지지는 못했다.

창작활동은 부산독립영화협회 바깥에서 활발하게 이어졌는데, 그 중심에는 경성대 출신의 영화인들이 있었다. 전수일을 비롯한 염정석, 박지원, 김희진 등이 그들이다. 비경성대 출신 중에는 조성봉 감독, 우정태 감독 등이 있었다. 비록 조직적이지는 않았지만 1990년대 부산독립영화계는 활기가 넘쳤다. 조성봉은 국내 최초로 제주 4.3사건을 다룬 다큐멘터리 〈레드 헌트〉로 상당한 반향을 불러일으켰으며, 전수일은 칸국제영화제와 베니스국제영화제에 잇달아 초청되면서 부산영화의 존재를 알렸다. 비록 양적으로는 부족할지 몰랐지만, 질적으로는 어디에 내놓아도 통할 수 있다는 자부심이 넘쳤던 시기라고 할 수 있다.

부산독립영화의 위기

2000년대 중반을 넘기면서 부산영화는 침체기에 접어든다. 부산만의 색깔을 내세우던 자부심도 급격히 퇴색한다. 안타깝게도 이 무렵 부산의 독립영화인들은 자신을 '변방의 변방'이라고 부르고 있었다. 한국의 독립영화가 한국 영화 속에서 변방의 영화라면, 부산의 독립영화는 이 변방의 영화들 가운데서도 변방의 영화라는 의미다. 제작 편수도 급격히 줄어들어서 부산영상위원회의 제작지원사업도 겨우 명맥만 유지하고 있을 정도였다.

부산독립영화협회의 활동도 상당히 위축되어 있었다. 2000년대 중반 무렵 부산독립영화협회는 사실상 사무국장 1인이 이끌어가는 조직으로 규모가 축소되어 있었다. 협회가 창립되던 시기부터 몸담았던 우정태 사무국장의 재능과 노력이 아니었으면 아마 이 정도로 조직을 유지하기도 쉽지 않았을 것이다.

역설적인 것은 부산의 독립영화가 침체기에 접어든 시기가 부산시가 영화산업에 대한 본격적인 육성정책을 펼친 시기와 맞물린다는 사실이다. 영화산업을 4대 핵심전략산업 중 하나로 선정한 부산시는 영화후반작업기지건설, 영상센터 건립, 제2 스튜디오 건립 등 굵직한 하드웨어 조성 사업을 추진하였다. 국가적으로도 부산을 영화산업도시로 육성하려는 움직임이 나타났다. 영화진흥위원회를 비롯한 3대 영화영상관련기관의 부산 이전이 결정되었고, 이를 전후해서 부산 지역의 대학에는 영화 관련 학과가 잇달아 개설되기도 했다. 적어도 표면적으로는 부산의 영화인들이 자괴감에 빠질 이유가 없어 보인다. 그렇다면 이와 같은 모순된 상황이 벌어지게 된 이유는 무엇일까? 부산 영화인들의 대답은 의외로 간단했다. 부산에서 만들어지는 영화가 없다는 것이었다. 부산국제영화제와 부산영상위원회의 활동이 본궤도에 오르면서 부산을 찾는 영화인들의 숫자도 늘어나고 부산에서 촬영되는 영화의 편수도 많아졌지만 정작 부산에 기반을 두고 활동하는 영화인들의 현실은 달라지지 않았다. '아시아영화의 허브', '제2의 할리우드' 같은 장밋빛 구호들만 난무하는 가운데 부산영화인에 대한 지원과 배려가 부족하다 보니 부산의 영화인들은 박탈감과 소외감에 시달릴 수밖에 없었다. 협회가 제 기능을 발휘하기 힘든 상황이다 보니 부산 영화인들의 요구가 정책적으로 반영되기도 어려운 상황이었다. 영화의 도시에서 영화인들이 소외감을 느끼는 모순이 부산의 독립영화인이 '변방의 변방'이라는 쓰라린 자기 진단을 내리게 만든 것이었다.

부산독립영화의 부활

2000년대 말에 접어들면서 부산독립영화협회는 더디게나마 회복세에 접어든다. 협회에 가입하는 회원도 늘어나고 회원들 사이의 결속력도 예전보다 강해졌다. 부산영화계의 현안과 관련한 발언의 빈도도 늘어나면서 부산영화계에서 존재감을 되찾아가게 된다. 특히 2011년 시네마테크 부산의 폐관에 반대하는 의미로 진행된 릴레이 1인 시위는 회원들 간의 결속력을 다지고 협회의 존재감을 높이는 계기로 작용했다. 정성욱 감독을 비롯한 몇몇 회원들의 제안으로 릴레이 시위는 2011년 9월 1일부터 10일까지 진행되었으며, 최초 제안자들 외에도 회원 다수가 자발적으로 참여하였다. 비록 결

정된 정책을 되돌리는 데는 실패했지만, 이때 이후 부산독립영화협회는 부산지역 영화계 현안에 대해 좀 더 적극적으로 개입하게 된다.

2014년 부산국제영화제 사태가 발생했을 때는 더욱 조직적인 활동이 이루어진다. 협회의 주도로 부산영화인연대가 결성되었고, 영화인들과 시민들은 남포동 광장에서 1인 시위를 이어 나갔다. 또한, 성명을 발표하고 문제의 〈**다이빙 벨**〉 상영회를 개최하면서 부산국제영화제 사태의 본질이 무엇인지 알리는 활동을 전개하기도 했다. 영화제 개최에만 집중하던 때에 비하면 공적인 활동의 비중이 확실히 늘어났다고 할 수 있다.

창작 활성화를 위한 노력도 이어졌다. 부산의 영화산업과 관련된 간담회나 세미나를 통해 현장 영화인의 목소리를 듣고자 했고 이를 토대로 새로운 아이디어를 모색하기도 했다. 예를 들어 부산영상위원회의 부산장편영화제작 지원사업의 지원금이 편당 3천만 원에서 최대 1억 원까지 늘어날 수 있었던 것은 부산독립영화협회와 부산영상위원회가 지속적으로 대화를 이어갔기 때문이었다. 비록 괄목할 만한 성과를 이뤄내지는 못했지만, 부산독립영화협회가 정책 논의의 파트너로 인정받기 시작했다는 점은 분명했다.

2013년 신임대표를 맡은 동의대학교의 차민철 교수는 취임 초부터 오랜 숙원사업이었던 법인화를 추진해서 이듬해 결실을 거두게 된다. 2015년에는 정성욱, 최용석, 강소원 공동 대표가 취임함으로써 1999년 조성봉 감독이 초대 대표를 맡은 이후 14년 만에 현장 영화인이 협회의 대표를 맡게 되었다. 부산 지역에서 제작되는 영화들이 많아지고 창작자들이 대거 협회 회원으로 가입하면서 현장의 목소리를 좀 더 충실하게 대변하자는 취지가 반영된 결과로 부산독립영화협회의 무게 중심이 영화제작으로 기울었음을 말해주는 상징적인 사건이라 할 수 있다. 실제로 2010년 이후 부산에서는 매년 10편 가까운 독립장편영화가 제작되었으며, 이 작품 중 상당수가 부산독립영화협회 회원들에 의해 만들어졌다.

부산독립영화를 기록하다 : 인디크리틱

독립영화제 개최와 더불어 부산독립영화협회가 꾸준히 지속해온 또 다른 일이 있다. 바로 부산의 독립영화를 기록하는 작업이다. 『인디크리틱』은 부산독립영화협회가 발간하는 비평집으로 부산에서 만들어진 장·단편영화와 부산에서 활동하는 감독들을 다루고 있다. 2004년 창간호 이후 2016년까지 총 13권이 발간된 『인디크리틱』은 메이드 인 부산영화의 부침을 생생하게 증언하고 있다. 특히 협회 창립 10주년을 기념하여 부산에서 만들어진

IndieCritique
부산|독립|디지털|장편 11
부산독립영화작가론 Vol.5

부산독립영화협회 펴냄

100편의 장·단편영화를 다룬 『인디크리틱』 7호와 비평집 발간 10주년을 맞아 부산독립영화 대표작 10편을 선정하고 그 작품에 대한 리뷰를 수록한 『인디크리틱』 10호는 사료 史料 로서 가치가 충분하다고 말할 수 있다. 협회가 다소 침체되어 있던 시기에도 꾸준하게 비평집을 발간할 수 있었던 것은 이 시기에 편집장을 맡았던 강소원, 박인호 두 평론가의 수고 덕분이었다.

영화제작의 도시 부산을 위해

영화제의 도시로 시작해서 영화촬영의 도시로 성장해온 부산이 도달해야 할 다음 목표는 영화가 만들어지는 도시일 것이다. 이 목표를 실현하는데 가장 핵심적인 존재는 다름 아닌 부산의 영화인일 것이다. 그동안 부산독립영화협회는 부산독립영화의 독자적 가치 수호를 위해 노력해왔다. 이제 더 많은 영화, 더 좋은 영화를 만들어 부산독립영화의 지평을 확장해야하는 새로운 과제가 주어졌다. 부산의 영화인들이 이 과제를 어떻게 풀어나가느냐에 따라 부산영화의 미래는 크게 달라질 것이다.

국내 최초의 평론가단체, 부산영화평론가협회

국내 최초의 평론가 단체

부산영화평론가협회는 1958년 3월 20일 창립되었다. 한국영화평론가협회가 1960년에 발족했으니 부산영화평론가협회는 국내 최초의 영화평론가 단체인 셈이다. 창립 멤버는 초대회장이었던 박두석 부산대 교수를 비롯한 허창, 장갑상, 황용주, 이주홍, 여수중, 김일구 등 7명이었다. 부산영화평론가협회의 초기 역사는 부일영화상의 역사와 일치한다. 영화 관련 세미나를 개최하기도 하고 영화제작과 시나리오 창작 워크숍을 진행하기도 했지만, 협회의 핵심 사업은 부일영화상 심사였기 때문이다. 그런 탓에 1973년 부일영화상이 중단되자 협회의 활동도 잠시 중단될 수밖에 없었다.

부산영화평론가협회의 부침

1973년 1차 재건총회가 별 소득 없이 끝난 뒤 1984년 2차 재건총회가 열린다. 협회의 창립 멤버들이 뿔뿔이 흩어진 와중에도 꾸준히 지역을 지키며 비평 활동을 이어갔던 장갑상 교수가 신임 회장으로 선임된다. 김사겸, 주윤탁 등 신입 회원들을 영입한 장갑상 회장은 카톨릭센터와 더불어 정기적인 영화감상회를 개최하고 지역영화에 대한 세미나를 개최하면서 조금씩 협회를 정상화해 나갔다.

장갑상 교수가 1988년 세상을 떠난 뒤, 김동규, 김사겸이 회장직을 이어받아 협회의 명맥을 이어나가게 된다. 부산영화평론가협회가 본격적인 활동을 시작한 것은 경성대 주윤탁 교수가 회장을 맡은 1990년대 후반부터다. 1998년 비평집 『영상문화』가 창간되었고, 2000년에는 부산영화평론가협회상이 제정되기도 했다.

흥미로운 점은 부산영화평론가협회와는 별개로 부산에 자생적인 영화비평 모임이 존재했다는 사실이다. 1980년 부산 프랑스문화원이 문을 연 뒤 그곳을 드나들며 영화를 감상하던 사람들이 중심이 되어 영화비평모임이 결성된다. 비록 부산영화평론가협회처럼 결속력을 가진 전문가집단은 아니었지만, 이 모임에 참석하던 사람 중 상당수가 훗날 부산영화계의 주요 인물로 성장했다는 점에서 기억해둘 필요가 있다. 1993년에는 부산의 젊은 감독과 평론가 집단인 '씨네마테크 1/24'이 결성되었다. '씨네마테크 1/24'은 영화비평 활동 외에도 영화도서나 비디오 자료를 수집했으며 시민들을 대상으로 한 영화 강좌를 열기도 했다. '씨네마테크 1/24'의 주요 회원들은 이후 부산독립영화협회의 핵심 멤버로 활동을 이어가게 된다.

부산영화평론가협회상

현재 부산영평의 주요 활동은 비평집 『영상문화』 발간, 부산영화평론가협회상 개최, 학술 세미나 개최, 부산 지역의 영화단체와 연계한 대중 강좌 운영 등이다. 이 중에서 대중적으로 가장 널리 알려진 것은 부산영화평론가협회상일 것이다.

부산영화평론가협회상은 2000년 신설되었다. 부산영화평론가협회와 긴밀한 관계를 유지했던 부일영화상이 1973년 중단된 것을 안타까워하던 협회 회원들이 부일영화상의 권위를 이어갈 수 있는 새로운 영화상을 제정하기로 하고 큰 노력을 기울인 결과였다.

부산영화평론가협회상은 매우 적은 예산으로 운영되는 영화상이었던 만큼 행사의 규모는 그리 크지 않다. 하지만 수상작 선정과정의 투명성과 선정기준의 차별성 덕분에 대외적인 신뢰도는 높은 편이다. 부산영화평론가협회상의 선정기준은 최우수작품상을 수상한 작품들 목록으로도 확인된다. 제1회 시상식에서는 홍상수의 〈오! 수정〉이 최우수작품상을 수상하였으며, 〈복수는 나의 것〉(박찬욱, 3회), 〈지구를 지켜라〉(장준환, 4회), 〈가족의 탄생〉(김태용, 7회), 〈마더〉(봉준호, 10회), 〈지슬〉(오멸, 14회), 〈경주〉(장률, 15회), 〈비밀은 없다〉(이경미, 17회)처럼 감독의 개성이 뚜렷하게 드러난 작품에 호의적인 평가를 내려왔다. 그뿐만 아니라 〈죽거나 혹은 나쁘거나〉(류승완, 1회, 심사위원특별상), 〈송환〉(김동원, 5회, 심사위원특별상), 〈엠〉(이명세, 9회, 감독상), 〈똥파리〉(양익준, 10회, 감독상), 〈애니멀타운〉(전규환, 12회, 심사위원특별상), 〈밍크코트〉(신아가, 이상철, 13회, 신인감독상), 정두홍(14회, 기술상), 〈철의 꿈〉(박경근, 16회)처럼 다른 영화상이 주목하지 않았던 작품이나 영화인의 가치를 한 걸음 앞서 조명하려는 노력을 기울여왔다.

큰 무리 없이 진행되던 부산영화평론가협회상은 10회 행사 이후 변화를 겪게 된다. 이전까지 시상식은 부산국제영화제 개막식 다음 날 개최되었다. 영화상을 주최하는 사람들이 가장 힘들어하는 것이 수상자들의 참석 여부와 수상자들에 대한 의전 문제인데, 부산영화평론가협회상의 경우는 부산국제영화제 덕분에 수상자의 참석률도 높일 수 있었고 의전 문제도 쉽게 해결할 수 있었다. 하지만 평론가협회 내부적으로는 부산영화평론가협회상의 미래를 놓고 많은 고민이 있었다. 평론가들이 주최하는 행사임에도 불구하고 스타 중심의 기성 영화상들과 별로 다를 바 없는 시상식 모습에 대해 협회 회원들 스스로가 문제를 느꼈기 때문이었다. 마침 2008년 부일영화상의 부활로 인해 지역에서 개최하는 영화상이 동시에 부산국제영화제 기간에 치러지는 불편한 상황이 벌어지면서 부산영화평론가협회상의 변화를 모색하는 논의에 가속도가 붙게 된다. 그나마 2008년에는 부산영화평론가협회상이 영화제 개막 다음 날, 부일영화상이 폐막식 전날 개최하는 것으로 조정이 되었지만, 2009년에는 부일영화상 측이 개최날짜를 개막식 다음 날로 옮기면서 같은 날 부산영화평론가협회상과 부일영화상이 개최되는 불상사

가 발생했다. 아무래도 개막식 다음 날이 영화인들이 참석하기에는 더 용이하였기 때문에 개최날짜 조정은 여의치가 않은 상황이었다. 결국, 부산영화평론가협회상은 11회 행사 때부터 시상식을 12월로 옮기고 장소도 시네마테크 부산으로 변경하게 된다. 행사의 형식과 내용에도 변화가 있었다. 우선 수상 분야를 대폭 축소했다. 또한 수상작들을 대상으로 한 토론회를 개최하고 수상작에 대한 심사평을 발간하였다. 오해를 피하고자 다시 한번 이야기하자면, 부산영화평론가협회상의 변화는 몇 년 전부터 이미 논의가 진행되고 있었다. 단지 상패만 주고받는 시상식이 아니라 영화의 미적 가치에 대해 다시 생각하고 이야기해보는 자리를 만들어야 한다는 공감대가 형성되어 있었기에 변화의 계기가 마련되었을 때 주저함 없이 다른 길을 선택할 수 있었다.

비평지 『영상문화』

부산영평상 개최 외에 부산영화평론가협회는 매년 2회 비평지 『영상문화』를 발간하고 있다. 평론가협회가 재정비된 이후, 발간을 시작한 『영상문화』는 그해 발표된 주목할 만한 작품이나 감독에 대한 비평문을 싣고 있다. 개봉 직전에 작성되는 '프리뷰' 성격의 저널비평과 달리 『영상문화』에 실린 비평문들은 '리뷰' 즉 작품과 감독에 대한 재평가에 초점을 맞추고 있다는 점이 특징이다. 사실 영화산업과 영화문화 관련 인프라가 수도권에 편중된 상황에서 지역을 기반으로 영화 평론 활동을 한다는 것은 어려운 일이다. 비평가의 도움을 필요로 하지 않는 상업영화에 편중된 지역의 극장 환경이나

지역 평론가들의 글을 소개할 일간지나 비평지가 절대적으로 부족하다는 점 역시 부산 영화평론가들의 활동을 제약하는 큰 장애물이다. 하지만 이런 어려움에도 불구하고 지역 영화평론의 활성화를 위해서는 부산영화평론가 협회가 좀 더 분발할 필요가 있다. 무엇보다 60년에 달하는 긴 역사를 가진 집단으로서 자신들의 역사성에 걸맞은 책임감과 국내 유일의 지역 영화평론가 집단이라는 자신들의 정체성을 부각할 수 있는 방향성 모색도 필요해 보인다.

모퉁이극장, 새로운 관객운동의 시작

부산 시네필 문화의 출발점이었던 부산국제영화제도 어느덧 20년을 넘겼다. 성실한 감상자가 적극적인 담론의 생산자로 한 단계 도약하기에 충분한 시간이다. 모퉁이극장은 부산 영화문화의 성숙도를 보여주는 독특한 사례다.

관객운동단체

2012년에 설립된 모퉁이극장은 관객에게 초점을 맞춘 관객운동단체다. 모퉁이극장은 두 가지 기능을 가지고 있다. 첫째는 이름에서 유추할 수 있는 것처럼 영화를 상영하는 공간의 역할을 담당하고 있다. 오해를 피하고자 말해두면, 모퉁이극장은 멀티플렉스나 예술영화관처럼 정식 극장이 아니다. 작은 스크린과 프로젝터를 갖춘 대안 상영공간이라는 표현이 정확할 것 같다. 따라서 개봉영화가 아니라 쉽게 보기 힘든 실험영화나 독립영화들이 주로 상영된다. 정기적으로 영화인들을 초청해 대화를 나누는 자리를 마련하기도 한다.

모퉁이극장의 두 번째 기능은 관객들의 공동체를 만들고 유지하는 것이다. 모퉁이극장의 소개 글에 따르면 모퉁이극장은 '영화를 상영, 기록, 복원하는 시네마테크와 달리, 관객들의 목소리를 상영, 기록, 복원하는 것을 목표로 하는 시네마-피플-테크'를 지향하고 있다. 시네마-피플-테크라는 표현이 낯설고 어색하게 들리는 것은 사실이지만 창작자나 비평가가 주도해 온 영화 담론의 주도권을 향유자인 관객들에게 돌려주자는 취지로 이해된다.

김현수 대표가 고군분투하며 이끌어 온 모퉁이극장은 부산은 물론 전국 어디에서도 쉽게 찾아보기 어려운 관객운동단체라는 점에서 주목할 만하다. 부산의 영화인들은 모퉁이극장과 그곳의 구성원들을 자신들의 우군이라 여기며 관심을 표했다. 또한, 영화를 좋아하지만 늘 수용자 입장에 머물러야 했던 일부 관객들은 모퉁이극장을 자신들의 열정을 표현할 수 있는 공간으로 받아들였다.

영화의 시민

김현수 대표가 자신을 포함한 모퉁이극장의 구성원들을 부르는 호칭은 다양하다. 그중 눈에 띄는 것이 '영화의 시민'이라는 호칭이다. 단순한 관객이 아니라 영화라는 가상국가의 시민으로 부른다는 사실은 김현수 대표가 자신은 물론 모퉁이극장의 구성원들을 어떻게 바라보고 있는지 이해할 수 있게 해준다. 어쩌면 모퉁이극장은 가장 이상적인 시네필을 지향하고 있다고도 말할 수 있다.

물론 이들이 말하는 관객의 권리라는 것이 구체적으로 무엇인지 말하기는 어렵다. 모퉁이극장의 활동을 살펴보면 영화관람, 영화토론, 영화비평 등이 주를 이룬다. 그런데 이런 활동은 일반적인 영화운동단체나 영화동아리의 활동과 크게 다르지 않다. 하지만 이곳의 구성원들이 이 단체에 대해 가지는 애정은 상당하다. 부산국제영화제가 운영하는 시민평론단, 영화의전당에서 활동하는 워크숍 수료생들도 나름 소속감을 느끼고 활동을 이어가

사진제공 / 모퉁이극장

고 있지만, 모퉁이극장 구성원들의 소속감과 열정은 타의 추종을 불허할
정도다.

모퉁이극장의 중요한 특징은 관객의 능동적 참여다. 그동안 전문가들이 선
택한 영화를 수동적으로 관람하는데 그쳤던 관객들이 직접 영화를 선택해
서 소개하고, 평론가의 글을 읽는데 만족했던 관객들이 직접 영화에 관한
글을 쓴다. 상영회가 끝난 후 관객들끼리의 토론회를 진행하는 것도 관객의
몫이다. 영화를 선택하는 안목이나 비평의 수준도 상당히 높다. 모퉁이극
장을 즐겨 찾는 관객 중에 영화의전당이나 각종 영화 강좌의 단골손님도 있
고, 문학이나 미술 등 다른 분야에서 활동하는 작가들도 많으니 당연한 결
과일 수도 있다. 다시 말하면 모퉁이극장은 잘 훈련된 관객에게 자신의 역
량을 발휘할 기회와 공간을 제공함으로써 관객문화의 새로운 가능성을 입
증해가고 있는 셈이다.

사진제공 / 모퉁이극장

모퉁이극장에 대한 기대

부산 시네필의 영화에 대한 애정의 강도는 아마 어느 시대, 어느 지역과 비교해도 부족함이 없을 것이다. 하지만 그동안 부산에는 이들의 열정과 관심을 적극적으로 끌어안을 수 있는 시스템이 존재하지 않았다. 영화전문가나 창작자들은 이들을 진지한 수강생, 성실한 감상자로만 인식했다. 시민을 위한 영화제를 만들겠다고 하던 사람들이나 시민의 삶에 밀착된 영화를 만들겠다고 하던 사람들도 마찬가지였다. 어쩌면 전문가나 창작가 입장에서는 훌륭한 관객들이 수용자나 조력자로 남아있는 편이 유리할 수도 있다.

그런데 영화사에는 열정적인 감상자에서 출발하여 당대의 영화를 변화시킨 담론의 생산자, 더 나아가 새로운 영화의 창조자들로 발전해 나갔던 많은 사례가 기록되어 있다. 프랑수아 트뤼포와 장-뤽 고다르 등은 알프레드 히치콕, 하워드 혹스, 장 르느와르 등의 이름을 영화의 만신 전에 올려놓는 과정을 통해 창작이라는 새로운 세계로 향한 문을 여는 행운을 누리게 되었다. 마틴 스콜세지와 프란시스 포드 코폴라 등은 관객의 입장에서 구로자와 아키라, 잉그마르 베리만 등에게 열렬한 지지를 보냈고, 이런 지지는 다시 영화사의 걸작이 탄생하는 밑거름으로 작용하였다. 1990년대 왕가위, 이와이 슈운지, 압바스 키아로스타미 등을 발굴했던 한국의 영화문화가 없었다면 2000년대 한국영화의 재도약도 불가능했을 것이다. 모퉁이극장에 모인 관객은 영화의 바다에 지금보다 더 깊이 몸을 담글 의지가 충분한 사람들이다. 실제로 부산국제영화제 사태가 발생했을 때, 모퉁이극장은 관객의 이름으로 적극적인 의사표명을 함으로써 영화제 사태의 본질을 알리는 데 기여하기도 했다.

모퉁이극장의 역사는 5년에 불과하지만, 그동안 이들은 많은 일을 해냈다. 앞으로도 이들은 지금보다 더 많은 일을 함으로써 부산영화에 새로운 기운을 불어넣을 수 있을 것이다. 물론 이런 기대를 충족시키기 위해서 모퉁이극장이 풀어야 할 숙제도 적지 않다. 무엇보다 관객문화운동이라는 설립 취지가 반향을 불러일으키기 위해서는 제2, 제3의 모퉁이극장을 만드는 노력이 필요해 보인다. 특히 영화문화를 향유할 권리를 충분히 누리고 있지 못한 계층이나 지역을 중심으로 관객의 권리를 되찾는 운동을 전개해나간다면 관객운동단체로서 모퉁이극장의 위상은 지금보다 훨씬 더 높아질 것이다. 언젠가부터 정체기에 접어든 부산의 영화문화를 바꾸는 일에도 모퉁이극장이 기여할 수 있는 부분이 있다고 생각된다. 매너리즘에 젖은 전문가나 창작자들에게 날카로운 문제의식으로 무장한 관객만큼 효과적인 자극제도 없을 것이기 때문이다. 쉬운 일은 아니다. 예산이라는 현실적 문제도 만만치 않을 것이고 목표를 위해 헌신하는 사람도 나타나야 한다. 지금까지는 김현수 대표의 강한 리더십으로 여러 문제를 잠재울 수 있었지만, 모퉁이극장에 대한 기대가 커지고 목표 수준이 높아지면 지금보다 훨씬 더 많은 사람의 지혜와 노력이 필요해질 것이다. 만만치 않은 문제이지만 크게 염려가 되지는 않는다. 스스로 활동가라 칭하는 모퉁이극장의 구성원들이 지금까지 그랬던 것처럼 앞으로도 모퉁이극장을 위해 그리고 부산영화를 위해 힘을 모을 것이라고 예상되기 때문이다.

모퉁이극장의 사례는 부산의 수많은 영화제 관계자들과 영화교육 담당자들에게도 숙제를 안기고 있다. 과연 관객의 위치는 어디인지, 관객을 동반자로 받아들이기 위해서는 무엇을 해야 할지 숙고할 필요가 있다.

사진제공 / 모퉁이극장

부산,
영화를 만들다

부산영화의 어제와 오늘

메이드인 부산영화는 부산에서 활동하는 영화인들이 부산의 자본과 인력, 기술로 만든 영화를 가리키는 표현으로 부산독립영화제의 출범 당시 이름이었던 '메이드인부산독립영화제'에서 처음 사용되었다. 다소 폐쇄적으로 들릴 수도 있지만, 수도권이나 해외의 제작진이 부산에 와서 '촬영한 영화'와 부산에서 '제작한 영화'를 구별하기 위해 부산의 영화인들은 지금까지도 이 표현을 자주 사용하고 있다.

장편극영화의 도약과 침체

1990년대는 메이드인 부산영화가 빛을 발하던 시기였다. 부산의 대표감독인 전수일 감독은 〈말에게 물어보렴〉(1995), 〈내 안에 우는 바람〉(1997), **〈새는 폐곡선을 그린다〉**(1999) 등의 문제작을 연이어 발표했다. 또한, 조성봉 감독은 장편 다큐멘터리 **〈레드 헌트〉**(1996)를 발표하면서 부산영화의 존재를 널리 알렸다. 이 시기의 부산영화를 이야기할 때 전수일과 더불어 반드시 언급해야 하는 인물이 염정석이다. 서울을 중심으로 한국에 독립영화가 태동할 때, 염정석은 부산에도 영화를 만드는 사람들이 있으며, 부산에서 만들어지는 영화가 상당한 수준이라는 사실을 알려주었다. 요즘처럼 디지털로 영화를 찍는 시대가 아니었기에 영화 한 편을 만드는 일이 지금과는 비교할 수 없을 정도로 힘든 일이었던 시절에 그는 16mm 장편영화 〈나쁜 시절〉(1994)를 발표해 주목받았다. **〈광대버섯〉**(1999), **〈희망이 없으면**

불안도 없다〉(2001)같은 염정석의 대표작을 보고 있노라면 빛, 어둠, 소리, 침묵, 이미지, 서사 등 영화의 모든 요소를 지배하려는 감독의 욕망이 느껴진다. 그 욕망의 크기만큼이나 자신감도 충만하다. 극단적인 롱 쇼트와 클로즈업을 아무렇지도 않게 병치시키는 그의 선택은 자기만의 영화, 자기만의 색채, 자기만의 사운드를 완성하려는 이 감독의 의지가 얼마나 강렬한지를 잘 보여주는 실례라고 할 것이다. 실험적인 정신의 소유자였으며 변방에 머무르기를 거부했던 개척자였으며 주위 사람들을 매료시키는 강력한 카리스마의 소유자이기도 했던 염정석은 어느 날 홀연히 사람들 앞에서 사라져버렸다. 공교롭게도 그때는 한국영화에 상업적 욕망이 팽배하기 시작하던 시기와 일치한다. 어쩌면 그는 이렇게 자신의 이름을 독립영화

〈나쁜 시절〉

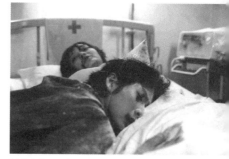

〈광대버섯〉

〈희망이 없으면 불안도 없다〉

의 계보에만 남겨둔 채 스스로 긴 공백기에 들어감으로써 자신의 순수한 예술혼을 지키려고 했는지도 모른다. 목숨을 걸고 줄을 타던 〈광대버섯〉의 주인공처럼 내용과 형식 어느 지점에서도 타협을 거부했던 그는 등장만큼이나 극적인 방식으로 영화계를 떠났다.

원승환의 말을 빌리면 전수일과 염정석이 활약하던 이 시기 부산은 '지역 독립영화를 가장 먼저 그리고 구체적으로' 만들어왔다. 부산영화인 역시 이런 상황에 자부심을 느끼고 있었던 것으로 보인다. 『부산독립영화작가론』 창간호는 부산에서 활동하는 주요 감독들의 작품을 다루면서 이 영화들이 '그들 영화 세계의 마침표가 아니라 중간 점검이며, 미래로의 돌파구를 찾는 해답이 될 것'이라고 말하고 있다.

하지만 2000년대로 넘어오면서 메이드인 부산영화는 질적으로나 양적으로나 위기를 맞게 된다. 제작 편수도 줄어들고 영화제에 초청되거나 비평적으로 주목을 받는 작품의 숫자도 줄어들었기 때문이다. 특히 장편극영화 제작이 크게 위축되었는데, 이것은 부산영화계만의 책임은 아니었다. 부산영화산업의 기반이 취약한 상태에서 한국영화 제작비가 단기간에 증가하다 보니 예산과 인력이 집중적으로 투자되어야 하는 극영화가 치명상을 입을 수밖에 없었다. 대기업이 영화산업에 본격적으로 뛰어든 것도 인적 네트워크가 탄탄하지 못한 부산영화인들 입장에서 유리한 일은 아니었다. 충무로로 대표되는 국내 영화계가 매우 빠른 속도로 산업화가 진행되고 있었던 반면 부산영화계는 이 속도를 따라잡지 못했고, 이로 인해 재능 있는 감독들이 부산을 떠나는 현상이 나타나면서 부산 극영화 진영의 침체는 한동안 지속될 수밖에 없었다. 전수일 감독만이 2000년대에도 꾸준히 작품을 발표해왔지만 침체된 부산영화계에 활력을 불어넣기에는 역부족이었다. 2000년대 중반을 넘기면서 최용석, 박준범, 장희철 등 새로운 감독들이 등장하면서 비로소 부산의 장편극영화는 재도약을 준비하게 된다.

다큐멘터리의 재도약

침체된 부산영화계에 활력을 불어넣은 것은 다큐멘터리였다. 부산 다큐멘터리의 대부격인 조성봉 감독이 〈레드 헌트〉(1996)와 〈레드 헌트 2 : 국가 범죄〉(1999)를 연출한 이후 오랜 침묵기에 들어갔지만, 2000년대 들어 계운경, 기채생, 김영조, 박배일, 김지곤 등이 잇달아 주목할 만한 작품들을 발표하면서 부산 다큐멘터리의 지평을 확대해 나갔다. 부산 다큐멘터리의 특징으로는 영화에 대한 순수한 열정, 소재와 형식의 다양성을 들 수 있다. 적어도 1990년대 후반까지 부산의 영화인들은 영화인으로서 자부심과 소명의식을 가지고 있었다. 부산영화계에서 한동안 사라진 것처럼 보였던 이런 자부심과 소명의식으로 새롭게 무장하고 나선 이들이 바로 다큐멘터리 감독들이다. 애초에 극영화와는 다른 산업적 환경에 처해있었기 때문인지 이들은 극영화 감독들처럼 충무로로 대변되는 거대 자본이 생산한 욕망에 오염되지 않았고, 그 덕분에 불필요한 패배감이나 소외감에 시달리지도 않았다. 〈워낭소리〉의 성공 이후 상업성을 전면에 내세운 다큐멘터리들이 우후죽순처럼 쏟아질 때도 부산의 다큐멘터리는 크게 흔들리지 않았다. 그 덕분에 부산의 다큐멘터리는 다큐멘터리의 본질에 충실할 수 있었다. 조성봉 감독으로부터 시작해서 계운경 감독을 거쳐 김영조 감독, 박배일 감독, 김지곤 감독 등으로 이어지는 계보도 비교적 뚜렷하고, 작품의 스펙트럼도 예상보다 훨씬 더 넓다. 조성봉이나 박배일처럼 사회적인 이슈를 정면으로 다루는 감독이 있는가하면, 기채생처럼 음악을 소재로 한 다큐멘터리를 만드는 감독도 있다. 또한 김영조 감독처럼 다이렉트 시네마의 전통에 충실한 감독도 있는가 하면, 김지곤 감독처럼 형식미가 돋보이는 다큐멘터리를 만드는 감독도 있다. 부산독립영화계에서 다큐멘터리의 강세는 『부산독립영화작가론』에서 다큐멘터리의 비중이 높아진 사실에서도 확인된다. 1년간 발표된 부산독립영화들을 대상으로 한 이 비평집에서 언급되는 다큐멘터리 작품 숫자는 꾸준한 증가 추세를 보였으며, 2012년에 발간된 『인디크리틱』 9호에서는 '다큐멘터리 분석'이 독립된 장으로 구분되기에 이르렀다. 이처럼 양적인 증가뿐만 아니라 소재나 주제 면에서도 다양성이 확대되고 있다는 점은 부산 다큐멘터리의 미래를 낙관적으로 전망할 수 있는 중요한 근거다.

주요 감독 및 창작 집단

부산 다큐멘터리에 대한 기술은 조성봉 감독과 그가 속한 '기록영화집단 하늬 영상'으로부터 시작해야 마땅하다. 조성봉 감독의 〈레드 헌트〉와 〈레드 헌트 2 : 국가 범죄〉는 우리 사회가 오랫동안 금기해 온 소재를 정면으로 다룬 선구적인 작품이라는 점에서 부산뿐만 아니라 한국 독립영화사에서 매우 중요한 작품으로 평가받고 있다. 부산영화계로 범위를 좁혀보면, 조성봉 감독의 작업은 부산독립영화의 한계로 지적되었던 사회성의 결여를 '운동으로서의 영화에 무게를 두면서 메워나간' 작품이라는 또 다른 의미가 있다. 조성봉 감독이 긴 침묵에 들어간 이후 '하늬 영상'은 사실상 기채생이 이끌어간다. 기채생은 지역에서 활동하는 인디 뮤지션들을 다룬 음악 다큐멘터리 연작 〈In the Cold Cold Night 01_Prologue〉(2006), 〈In The Cold Cold Night 02_Metronome〉(2007), 〈In The Cold Cold Night 03_Repeat

Mark〉(2009)를 발표하였다. 부산과 광주를 오가는 이 연작은 지역성과 인디문화에 대한 감독의 일관된 관심과 다큐멘터리의 형식과 내용에 대한 감독으로서의 문제의식을 확인할 수 있는 작품이다.

계운경 감독은 2000년대에 부산 다큐멘터리 진영에서 가장 활발한 활동을 보여준 감독이다. 감독의 첫 장편 다큐멘터리 〈팬지와 담쟁이〉(2000)는 장애인 여성 자매의 사랑을 소재로 한 도전적이고 담대한 작품으로 대종상영화제 다큐멘

터리상, 일본야마가타국제영화제 넷팩상, 올해의 여성영화인상 다큐멘터리 부문 상 등 화려한 수상 경력이 말해주듯, 〈레드 헌트〉 이후 가장 주목받은 부산 다큐멘터리 작품이라 할 수 있다. 이후에도 계운경 감독은 〈나의 선택, 가족〉(2004), 〈피곤한 여행〉(2005), 〈언니〉(2006)를 연출하며 부산을 대표하는 다큐멘터리 감독으로 자리 잡게 된다.

2000년대 후반에는 세 명의 새로운 감독들이 나타나서 부산 다큐멘터리를 풍성하게 만들어주었다. 김영조 감독, 박배일 감독, 김지곤 감독이 바로 그들이다. 이 세 명의 감독은 꾸준하게 작품을 발표하고 있을 뿐만 아니라, 다큐멘터리의 확산에도 많은 관심을 기울이고 있다는 공통점을 가지고 있다.

먼저 김영조는 〈가족이야기〉(2007), 〈태백, 잉걸의 땅〉(2008), 〈목구멍의 가시〉(2009), 〈사냥〉(2013), 〈그럼에도 불구하고〉(2017) 등 장편다큐멘터리를 잇달아 발표하면서 주목받고 있다. 감독의 첫 장편영화인 〈가족이야기〉는 감독 자신의 가족사를 소재로 한 작품으로 소박하한 형식과 진솔한 태도가 조화를 이룬 수작이다. 감독은 2009년 작인 〈목구멍의 가시〉에서 다시 한번 자신의 가족사를 다룸으로써 사적私的 다큐멘터리라는 자신만의 고유한 영토를 확장해 나갔다. 부산국제영화제 초청작인 〈태백, 잉걸의 땅〉은 탄광 지대를 소재로 한 작품으로 상황에 개입하는 대신 응시와 기다림을 통해 영화적 순간을 포착하려는 다이렉트 시네마의 미덕이 살아있는 작품이다.

박배일은 부산독립영화계에서는 드물게 정치, 사회적 문제에 많은 관심을 기울이고 있는 감독이다. 2006년 영화 〈내 사랑 제제〉와 부산국제영화제 초청작인 2012년 영화 〈나비와 바다〉는 장애를 안고 있는 연인들의 사랑과 결혼을 소재로 한 연작으로, 이 작품을 통해 감독은 장애인에 대한 사회적 편견의 부당함을 고발하고 더 나아가 이런 차별과 편견이 우리 사회에 전반에 만연해 있음을 드러내고 있다. 밀양 송전탑 문제가 불거진 이후 박배일 감독은 밀양에 상주하면서 송전탑 문제의 전말을 기록하였다. 〈밀양전〉(2015)과 〈밀양아리랑〉(2016)은 이 기록을 토대로 완성된 작품들이다. 박배일 감독은 단순한 관찰자로 머무르기보다는 적극적인 발언자의 위치에 서기를 주저하지 않는다는 점에서 한국독립다큐멘터리의 전통에 가장 가까운 감독이라고 말할 수 있다.

김지곤은 부산의 오래된 극장을 소재로 한 단편 연작 〈낯선 꿈들〉(2008), 〈오후 3시〉(2009)를 발표하면서 주목받기 시작했다. 이 두 편의 영화는 곧 사라질 운명에 처한 공간을 롱테이크와 현장음만으로 포착한 도전적이고 실험적인 형식미가 돋보이는 작품들이다. 이후 김지곤은 부산의 산복도로 재개발을 소재로 한 연작영화 〈할매〉(2011), 〈할매 2-시멘트정원〉(2012), 〈할매-서랍〉(2016)을 발표한다. 공간을 소재로 한 전작과는 달리 〈할매〉 연작은 사람들이 주인공다. 하지만, 이들 역시 세월의 순리에 따라 혹은 재개발이라는 외부적 요인으로 인해 곧 사라져 갈 인물들이라는 점에서 전작에서 보여준 문제의식의 연장선 위에 놓여 있다고도 말할 수 있을 것이다.

김영조, 박배일, 김지곤 이 세 명의 감독은 현재 부산에서 가장 활발한 창작 활동을 펼치고 있다는 점 외에도 다큐멘터리의 확산에 많은 관심과 노력을 기울이고 있는 감독이라는 공통점을 가지고 있다. 박배일은 다큐멘터리 운동에 가장 열정적인 노력을 기울이고 있는 감독으로, 그는 문정현, 이승훈 등과 더불어 젊은 미디어운동가들의 모임인 '오지필름'의 일원으로 활동하고 있다. 김지곤 감독 역시 오민욱 등 후배 감독들과 더불어 '탁주조합'이라는 제작사를 설립하고 공동 작업을 이어가고 있다. 김지곤의 일련의 작품들과 오민욱의 〈상〉(2012) 등에서 확인할 수 있는 것처럼 이들의 작품은 영화 형식의 탐구에 좀 더 많은 비중을 두고 있다는 점이 특징이다. 김영조 감독은 특정 집단에 속해있지는 않지만 앞서 언급한 두 명의 감독들과 마찬가지로 다큐멘터리의 확산을 위해 독자적인 노력을 기울이고 있다. 김영조 감독의 활동은 자신의 제작사 '월요일 아침'을 통해 이루어지고 있는데, 2012년에는 부산독립영화협회와 더불어 부산의 신진 다큐멘터리 감독들을 지원하는 '월요일아침 펀드'를 신설하기도 했다. 이처럼 부산 지역에서 장편 다큐멘터리의 제작이 활성화되면서 2013년부터 부산영상위원회는 비록 소규모지만 처음으로 장편 다큐멘터리에 대한 제작지원을 시작하였다.

미디어 운동으로서 다큐멘터리

부산 지역 다큐멘터리의 경향 중 하나로 미디어 운동을 들 수 있다. 미디어 운동 차원의 다큐멘터리는 시청자미디어센터와 퍼블릭 액세스 채널을 중심으로 전개되며, 집단 창작의 개념을 받아들여 일반인까지도 창작의 주체로 적극적으로 받아들인다는 특징을 가지고 있다. 또한, 영화의 형식보다는 내용적 혹은 주제적 측면을 중시하며, 시의성 있는 소재들을 즐겨 다룬다는 점도 또 하나의 특징이다. 부산지역에서 활동하는 대표적인 미디어 운동 단체로 평상필름을 들 수 있다. 평상필름은 권용협 대표를 중심으로 한 미디어 운동 단체로 집단 창작의 원칙을 중시하며, 영화 제작 외에도 퍼블릭 액세스 운동과 미디어 교육 사업 등을 병행하고 있다. 주요 작품으로는 국가보안법 위반 혐의로 오랜 기간 수배 생활을 하는 인물을 소재로 국가보안법의 문제를 제기하는 단편 다큐멘터리 〈나의 방〉(2003)과 고속철도 공사로 인해 발생되는 환경 문제를 다룬 장편 다큐멘터리 〈곡선〉(2003) 등이 있다. 부산의 주요 산업이었던 섬유와 신발 산업에 종사하던 여공들의 삶의 재조명하는 2012년 영화 〈전설의 여공 : 시다에서 언니 되다〉는 전 평상필름 멤버였던 박지선 감독의 작품이다. 또한, 박배일 감독의 〈잔인한 계절〉(2011),

김정근 감독의 〈버스를 타라〉(2012)도 평상필름과 직간접적으로 관련이 된 작품들이다. 평상필름은 부산 지역에서는 드물게 정치적 다큐멘터리 작업에 주력하고 있는 단체라는 점에서도 의미가 있다.

부산지역에서 미디어 운동을 전개하는 또 다른 대표단체로 미디토리를 들 수 있다. 2010년 지역의 독립영화인들과 미디어 운동가들이 연대하여 결성한 미디토리는 영화제작보다는 대안적 영화 배급과 미디어 교육 등이 주력 사업이다. 극장보다는 방송, 창작자보다는 수용자 중심의 미디어 운동이라는 점에서 독립영화인들과 연대는 아직 본격적으로 이루어지지 않고 있지만, 평상필름이나 오지필름 등 미디어 운동을 병행하는 단체들과의 교류는 활발하게 이루어지고 있다. 부산독립영화협회와는 오멸 감독의 〈지슬〉 공동체 상영을 계기로 교류를 시작하였다.

미디어 운동은 극장과 영화제를 중심으로 한 전통적인 독립영화와는 다소 거리가 있는 것이 사실이지만, 영화의 사회적 역할과 영화인의 임무 등을 중시하는 가치관을 공유하고 있다는 점이나 매체 간 경계가 점점 허물어지고 있는 현실 등을 감안할 때 향후 부산독립영화의 방향성을 설정하는 데 있어서 중요한 역할을 담당하게 될 것으로 전망된다.

지역을 기록하는 영화들

영화의 핵심적인 가치 중 하나는 기록적 측면이다. 이것은 지역 독립영화에
도 해당되는 일이다. 특히 기록이라는 가치를 전면에 내세운 다큐멘터리에
서 지역의 공간과 인물, 시간을 기록하는 일은 매우 의미 있는 작업이라고
할 수 있다. 부산영상위원회가 설립된 이후 부산은 영화촬영지로 각광받고
있지만, 매년 부산에서 촬영되는 수십 편의 영화 중에서 부산의 시간과 공
간, 그리고 인물을 제대로 기록하고 있는 영화는 거의 찾아보기 힘들다. 오

히려 특정 장르 영화들이 부산을 즐겨 다
룬 탓에 부산의 이미지는 현실과는 무관
하게 왜곡되고 변형된 채 소비되고 있는
현실이다. 이런 상황에서 부산의 공간과
부산 사람의 삶을 진솔한 태도로 기록하
고 있는 영화들의 가치는 더 각별해진다.
부산에서 제작된 다큐멘터리 중 김정근
감독의 〈버스를 타라〉는 매우 독특한 작
품이다. 이 영화는 한진중공업 파업을 지
지하기 위해 전국에서 달려온 희망버스
를 소재로 한 작품인데, 작품의 소재나 형
식보다 더 이색적인 것은 전국적인 관심

의 대상이 된 한진중공업 파업의 주 무대가 부산이라는 점이다. 앞서 부산의 독립영화의 문제점 중 하나로 사회적 시선의 결여를 꼽았는데, 현실적으로 수도권 이외의 지역에서 전국적인 관심을 집중시킬 만한 정치적, 사회적 사건이 발생하는 경우가 극히 드물다는 점이 사회적 이슈를 다룬 부산독립영화가 부족한 중요한 이유 중 하나라고 말할 수 있다. 그런 점에서 〈버스를 타라〉는 부산의 독립영화인들이 마음껏 자신의 역량을 과시할 수 있는 아주 드문 기회이기도 했다. 미디토리 출신인 김정근 감독을 비롯하여 권용협, 박배일, 문정현, 이승훈 등 정치적 다큐멘터리와 미디어 운동에 주력하던 부산지역 영화인들이 작품 제작 과정에 적극적으로 참여함으로써 모처럼 부산 독립영화계에 연대의 기운을 불어넣었다.

기채생 감독의 〈In the Cold Cold Night〉 연작 역시 지역의 기록이라는 차원에서 주목할 만한 작품이다. 1996년부터 시작된 인디 뮤지션에 대한 기록이 10년이 넘는 시간을 경과하여 완성되는 과정에서 부산의 소중한 자산인 청년 문화의 현장과 그 문화를 지탱하는 존재들의 고민이 작품 속에 남게 되었다. 특히 이 영화의 출발이 의도하지 않은 것이었다는 점에서 오히려 한 편의 영화 속에서 현실의 시공간과 인물들은 어떻게 보존되고 기록되는가를 생각하게 만든다.

지역에 대한 기록의 차원에서 가장 중요하게 언급해야 할 감독은 김지곤 감독이다. 그의 대부분 작품들은 기록에서 출발해서 기록 이상의 것으로 나아가려고 한다. 그가 선택한 공간은 모두 재개발로 인해 사라질 공간들이다. 크게 오래된 극장과 산복도로로 분류할 수 있는 김지곤의 영화적 공간이 단순한 공간에 대한 기록 이상의 의미로 다가오는 것은 그가 자신의 영화에 담고자 하는 것이 물리적 구조물로서 공간이 아니라 그 공간에 수십 년간 축적된 사람들의 흔적이기 때문이다. 오래된 극장과 낡은 집은 유형의 공간이지만, 그가 포착하려는 것은 무형의 것들, 다시 말해 극장이라는 공간에 축적된 숱한 사람들의 희로애락과 집이라는 공간이 대변하는 한 인간의 평생에 걸친 삶이다. 롱테이크로 대표되는 김지곤의 형식이 탐미주의의 유혹을 뿌리칠 수 있었던 것도 바로 그가 포착하려던 것이 직관적이고 직접적인 방식으로는 담아낼 수 없는 무형의 가치였기 때문이다.

실향의 정서와 상징적 공간, 〈영도다리〉

〈영도다리〉는 전수일 감독의 일곱 번째 장편영화다. 2003년 발표전
수
일
감
독된 〈나는 나를 파괴할 권리가 있다〉 이후 그는 〈개와 늑대사이의 시간〉(2005), 〈검은 땅의 소녀와〉(2007), 〈히말라야, 바람이 머무는 곳〉(2008), 〈영도다리〉(2009), 〈펑크〉(2011), 〈콘돌은 날아간다〉(2012), 〈파리의 한국남자〉(2015), 〈아메리카 타운〉(2017) 등 8편의 장편영화를 연출하였다. 구상 단계로부터 제작비 마련과 캐스팅, 촬영을 거쳐 후반 작업에 이르기까지 한 편의 장편영화가 만들어지기까지 지난한 과정들을 생각해보면, 전수일 감독의 작업 속도는 그야말로 경이롭다고 말할 수밖에 없다. 영화 한 편 만들기가 점점 더 어려워지고 있는 한국영화계의 현실은 자신과는 무관하다는 듯이 점점 더 자신의 작업에 가속을 붙이고 있는 전수일 감독의 놀라운 창작열은 그에게 우호적이지 않았던 사람들의 입마저도 다물게 만들고 있다. 더욱 인상적인 것은 이 감독이 자신의 작품에 있어서 연출자의 역할뿐만 아니라 제작자와 배급업자의 역할까지도 도맡아 하고 있다는 점이다. 영화감독에게 이른바 '작가'라는 호칭을 부여하는 것에 대해 그다지 동의하지 않는 입장이지만,

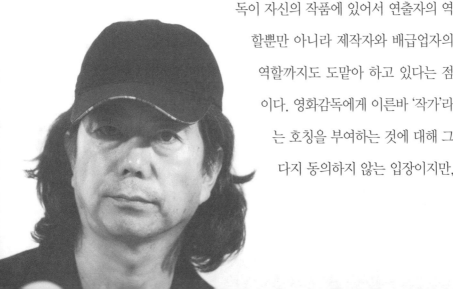

적어도 전수일 감독처럼 영화의 전 과정에 개입하여 막강한 영향력을 행사하는 감독에게는 자기 작품의 진정한 주인이라는 의미에서 '작가'라는 호칭을 사용하여도 무방하다는 생각이 든다.

서사의 부재 혹은 비언어적인 호소

최근 들어 더욱 빨라진 전수일 감독의 창작속도는 이제 비평이 따라잡기 어려울 정도에 이르렀다. 그의 영화에 대해 비평가들이 숙고하는 사이에 어느새 감독은 새로운 영화를 내놓는 상황이 반복되고 있기 때문이다.● 아쉬운 점은 이처럼 뜨거운 감독의 창작열이 충분한 보상을 받지 못하고 있다는 점이다. 특히 잇단 국제영화제 수상과 회고전 개최 등이 입증하고 있는 것처럼 해외에서는 이 감독에 대한 관심이 점점 고조되고 있지만, 국내에서는 비평적으로나 흥행 기록으로나 전수일 감독의 창조적 열정에 합당한 반응이 없었던 것이 사실이다. 전수일 감독에 대한 국내 비평가들의 반응은 영화학자 정락길이 지적하고 있는 것처럼 대체로 '저예산 영화의 정신, 영화의 다양성 확보를 위한 독립 영화의 관심과 육성 등 구호성, 표피적 관심'에 머물러 있는 상황이다. 이런 종류의 비평들은 그 논지들의 정치적 올바름에도 불구하고, 작품이 가진 심층적인 의미와 작품 고유의 미학적 가치 등을 제

● 〈영도다리〉에 대한 글을 쓰고 있던 시점에 만난 전수일 감독은 이미 〈핑크〉 이후에 촬영할 두 편의 영화에 대한 구상을 마친 상태였다. 또한, 같은 시점에 파리에서는 전수일 감독의 전작 〈히말라야, 바람이 머무는 곳〉이 개봉을 앞두고 있었다. 〈히말라야, 바람이 머무는 곳〉, 〈영도다리〉, 〈핑크〉 등 세 편의 영화가 동시다발적으로 얽혀있는 상황에 대해 전수일 감독은 전혀 불편함을 느끼지 않는 모습이었다.

대로 설명하지 못한다는 점에서 부적절하고 무책임한 비평이라고 비판받을 수밖에 없다. 반면, 프랑스의 권위 있는 영화잡지『트라픽 Trafic』에 전수일 감독의 영화 〈히말라야, 바람이 머무는 곳〉을 다룬 자크 오몽의 비평문이 실린 데서도 알 수 있듯이, 해외 평단의 경우 이 감독에 대해 본격적인 연구가 시작된 것으로 보인다.

흥미로운 것은 전수일 감독의 영화에 대한 비평들이 대체로 이 감독에 대한 평가를 드러내기보다는 전수일의 영화 세계로의 안내자 역할에 만족하는 것 같은 인상을 준다는 점이다. 이는 국내와 해외비평가 모두에게 공통으로 드러나는 현상이다. 이런 현상이 나타나는 이유는 전수일 감독의 영화가 관객뿐만 아니라 비평가에게도 상당히 낯선 영화로 받아들여지기 때문으로 보인다. 전수일 감독의 영화를 낯설게 만드는 가장 핵심적인 이유는 서사의 부재에 있을 것이다. 놀라운 반전이 기다리고 있는 〈검은 땅의 소녀와〉의 경우 극적 효과가 돋보이는 영화이긴 하지만, 예외적이라고밖에 말할 수 없는 이 영화를 제외한 대부분 작품들의 경우 서사가 의도적으로 배제되거나 최소화되어 있다. 따라서 전수일 감독의 영화를 보면서 등장인물이 취하는 행동의 동인을 찾거나, 영화 속에서 벌어지는 사건의 인과관계를 찾으려는 관객들의 노력은 모두 헛수고가 되어버린다. 서사를 통한 극적 효과와 대사를 통한 정보

전달을 기대하는 우리의 관습적인 영화관람 행태를 무의미한 것으로 만드는 대표적인 작품으로 〈히말라야, 바람이 머무는 곳〉을 꼽을 수 있다. 이 영화에서 감독은 관객들이 애써 찾으려고 했던 정보들을 아예 제공하지 않거나 아주 뒤늦게 제공함으로써 그것들의 가치를 최소화시켜 버린다. 서사의 배제, 정보의 부재라는 점에서는 〈**영도다리**〉 역시 마찬가지 양상을 보인다. 미혼모와 입양이라는 소재 자체는 극적인 기대감을 불러일으키기에 충분하지만, 감독은 관객들의 소박한 기대와는 정반대의 길을 선택한다. 영화는 '무슨 일이 일어나고 있는 것인지' 계속해서 질문을 던지지만, 결코 대답은 주어지지 않는다. 따라서 관객들은 마치 갑작스러운 시간 이동이라도 한 것처럼 낯선 시간과 낯선 공간 속에 던져진 채로 낯선 인물들과 대면하게 된다. 자크 오몽은 이런 전수일 감독만의 독특한 구성 방식을 '신 scene 이 아니라 쇼트 shot 를 중심으로 전개되는 영화'라고 설명하고 있는데, 이는 우리가 영화에서 기대하는 일반적인 (혹은 최소한의) 시공간적인 연속성이 전수일의 영화에서는 존재하지 않는다는 의미로 해석할 수도 있을 것이다.

이처럼 서사가 생략된 자리를 전수일 감독은 시각적인 정보들로 채운다. 아니 〈**히말라야, 바람이 머무는 곳**〉의 경우처럼 자연의 소리가 인간 언어의 빈자리를 메우는 영화들을 감안하면 비언어적인 요소들 혹은 말 그대로 시청각적 요소들이 서사와 대사의 빈자리를 채운다고 말하는 편이 옳을 것이다. 전수일의 영화에서 인간들은 침묵하지만, 세상은 자신들만의 고유한 언어로 우리에게 인간의 언어가 전달하지 못하는 이야기들을 들려주고 있다. 히말라야의 바람이 전하는 이야기, 탄광촌의 검은 탄가루가 전하는 이야기, 영도 앞바다를 오가는 배의 소음과 그 배에 앉은 소녀의 무심한 눈동자가 전하는 이야기에 익숙해지고 그 의미를 이해하는 일은 결코 쉬운 일이 아니다. 바로 이런 점이 전수일의 영화를 이해하고 독해하는 데 있어서 일차적인 장벽으로 다가온다. 하지만 그 비언어적인 외침과 호소에 익숙해진 사람이라면 어떤 인간의 언어보다도 풍부하고 깊은 이야기를 들을 수 있을 것이다.

떠도는 인간들

〈영도다리〉는 전수일 감독의 개인적인 경험에서 출발한 영화다. 감독 자신의 회고에 따르면, 전수일 감독은 약 20년 전, 유학생 시절에 한국인 입양아를 프랑스 양부모에게 에스코트하는 아르바이트를 하게 된다. 갓난아이를 한국에서 프랑스로 데려간 그 경험은 감독에게 강렬한 기억으로 남게 된다. 그날 이후 '그 아이는 어떻게 살고 있을까?', '아이는 자신의 친부모를 찾아올까?' 등의 궁금증을 품고 있었던 감독은 〈**영도다리**〉라는 작품을 통해 그 질문에 대한 답변을 스스로 찾아 나선다.

〈영도다리〉의 주인공 인화는 아직 고등학교도 졸업하지 않은 열아홉 살의 미혼모다. 아이를 키울 수 있는 아무런 준비도 되어 있지 않은 상황에서 출산 한 인화는 큰 고민 없이 아이를 입양시키기로 한다. 입양 과정은 놀라울 정도로 신속하고 무심하게 진행된다. 나중에야 밝혀지지만, 부모에게 버림받은 신세였던 인화로서는 홀몸으로 아이를 키운다는 것은 상상해본 적도 없는 일이었기에 아무런 죄책감이나 망설임도 없이 아이를 떠나보낼 수 있었다. 하지만 아이를 떠나보낸 후에야 인화는 입양이라는 것이 변기에 탯줄을 흘려보내는 것처럼 손쉬운 일은 아니라는 사실을 깨닫게 된다. 아이는 이제 인화의 곁을 떠났지만, 인화는 아이를 완전히 떠나보내지 못한 것이다. 넘쳐나는 젖으로 인해 속옷이 젖어 들 때마다, 무심코 넘기던 전화기 속 앨범에서 아이의 사진을 발견할 때마다, 친구가 선물한 모빌이 바람에 흔들릴 때마다, 그리고 자신의 배에 남은 제왕절개 수술의 흉터를 쓰다듬을 때마다 인화는 자신이 버린 아이를 떠올리게 된다. 아이를 처음 떠나보낼 때의 무심함은 점점 상실감과 죄책감으로 변화되고, 이 감정은 어린 시절 부모로부터 버려졌던 인화의 과거와 겹쳐지는 순간 최고조에 달하게 된다. 결국, 인화는 아이를 찾아 낯선 땅으로 떠난다.

언론과의 인터뷰에서 전수일 감독은 "삶의 과정에서 상실감과 아픔을 겪은 인물들이 스스로 정체성을 찾아가는 여정을 통해 작은 희망을 얘기하고 싶었다"고 이 영화의 연출 의도를 밝히고 있다. 그런데 이 설명은 비단 〈**영도다리**〉뿐만 아니라 전수일 감독의 영화 전체에 적용될 수 있는 이야기이기도 하다. 평론가 강소원은 전수일 감독의 초기작품들을 자기 정체성에 대한 모더니즘적인 '자기 성찰' 혹은 '자기반영성'이 드러난 '자의식의 영화'라고 설명한다. 정락길은 전수일 영화의 인물들을 '실향의 인간들'이라고 규정하고, 그것을 현대적 삶의 근원적 조건으로서 '고향 상실'의 문제와 연관 지어 설명한다. 그에 따르면 전수일의 영화에서 '실향'이라는 주제의식은 '삶의 일상과 권태가 만들어 놓은 소외의 현상 너머의 새로운 삶이 있을 것이라는 희망이나 저 과거에는 그랬던 시절이 있었다는 향수적 태도를 유발하는 무엇으로서 기능'하기보다는 '인간 조건의 무게'로 제시되고 있다. 전수일의 작품 중에서 다소 예외적인 〈검은 땅의 소녀와〉를 제외한 대부분의 영화 속에서 이런 실향의 정서와 연계된 자기 정체성의 문제를 발견할 수 있다. 〈영도다리〉에서도 고향을 잃어버린 존재들이 곳곳에 등장한다. 돌봐줄 부모도 없이 단칸방에서 혼자 고통을 감내해야 하는 주인공 인화는 영화 중간에 등장하는 실향민 노인들과 마찬가지로 돌아갈 곳이 없는 전형적인 실향의 인간이다.

독특한 점은 서구 낭만주의의 핵심 정서이기도 한 이 실향의 정서가 전수일의 영화에서는 매우 구체적이고 현실적인 근거에서 출발하고 있다는 점이다. 서구 낭만주의에서 실향의 정서가 현실과 이상의 괴리라는 이원론적인 세계관에 근거하고 있다면, 전수일의 영화에서 실향의 정서는 분단국가인 한국의 현실과 감독 개인의 가족사에 기반을 두고 있다는 점에서 큰 차이를 보인다. 낭만주의자에게 있어서 중요한 것이 실향의 정서 그 자체라면, 전수일에게 있어서 중요한 것은 귀향歸鄕이다. 전수일의 영화 속 인물들은 현실적인 조건이 그 귀향을 불가능하게 만들고 있음을 잘 알고 있지만, 결코 귀향을 포기할 수 없는 복잡한 감정에 사로잡혀 있다. 낭만주의자들의 현실과 이상 사이에는 넘어설 수 없는 간극이 있지만, 전수일의 인물들이 돌아가야 할 고향은 바로 저 앞에, 손을 뻗으면 닿을 것처럼 가까운 곳에 있다는 사실은 그의 인물들이 감내해야 할 고통의 강도를 배가시키는 요인이기도 하다. 전수일의 영화 속 인물들이 감정의 고양을 통해 스스로를 폭발시키기보다는 고독과 침묵 속으로 침잠하는 이유도 그들이 겪는 고통이 지극히 현실적이고 현재적인 고통이기 때문이다. 귀향을 통한 자기 회복이라는 가장 절실한 소망을 가슴 깊은 곳에 묻어두어야 하는 것은 이 부조리한 현실 속에서 광인狂人이 되지 않고 자기 자신을 건사할 방법일 것이다. 하지만 그런 인고의 시간을 거치는 동안 사람들은 넋이 빠진 허깨비가 되어 간다. 전수일의 영화에서 중요한 인물들은 대부분 살아 숨 쉬고, 욕망하는 존재들이 아니라 넋이 빠져버린 허깨비 같은 존재들이다. 이는 〈영도다리〉의 주인공 인화와 다르덴 형제의 영화 〈로제타〉의 주인공 로제타를 비교해보면 좀 더 분명하게 드러난다. 각박한 세상에서 온전히 자기 힘으로 자기 한 몸을 건사해야 하는 존재들. 돌봐줄 부모도 없고, 일자리도 잃어버린 10대 소녀라는 점에서 인화와 로제타는 비슷한 상황에 처한 존재들이다. 게다가 인화는 미혼모이기도 하다. 하지만 상황에 대처하는 그녀들의 자세는 너무나 다르다. 로제타가 분노하고, 소리치고, 저항하는 반면, 인화는 유령처럼 도시를 떠돌 뿐이다. 그녀는 분노하지도, 눈물 흘리지도, 놀라지도 않는다. 자기 아이를 버린 엄마이기에, 그 아이가 세상 어딘가에 있다는 사실은 알고 있지만, 아이를 되찾을 가능성은 없다는 것을 알기에 그녀는 스스로를 폭발시키지 못한다. 그것만이 자기 자신을 보존하는 방법임을 그녀는 본능적으로 알

고 있기 때문이다. 그로 인해 인화는 십 대이지만 육십 대의 노인이나 다를 바 없는 무심한 시선을 가지게 되었다.

허깨비가 되어버린 것은 십대의 인화나 〈히말라야, 바람이 머무는 곳〉의 중년의 최나, 〈개와 늑대 사이의 시간〉의 김이나 모두 마찬가지다. 이처럼 전수일의 영화에서 인간은 마치 이 세상에 살고 있지 않은 것 같은 자들이다. 그들은 망령처럼 세상을 떠돈다. 대부분 주인공들은 자아의 상실에 힘들어하고, 이를 회복하기를 원하지만, 감히 그것을 직접 시도하지 못한다. 아니시도는 하지만 그들은 마치 휴전선 너머에 고향을 두고 온 사람들이 감히국경을 넘지 못하는 것처럼 결코 어떤 경계를 넘지 못한다. 주저하고 그리워하다가 포기하고 돌아서는 인간들, 그들이 전수일의 인간들이다. 허깨비가 되어버린 것은 비단 주인공들만이 아니다. 인화와 마주치는 존재들, 그녀의 무심한 시선에 포착된 인간들은 모두 그녀처럼 허깨비 같은 존재들이다. 아니 모든 인간이 허깨비인 것은 아니다. 오히려 인화 자신 혹은 그녀의시선을 빌린 감독 자신이 그런 허깨비 같은 존재들을 예리한 감식안으로 발견하는 것이다. 〈영도다리〉에서 인화의 시선에 포착된 인간들, 예를 들어술 취한 노인들, 해바라기를 하고 있던 주름살 많은 노파, 대낮부터 술 취해

비틀거리는 양복쟁이들…. 이들 모두가 중요한 것을 잃어버린 실향의 존재들이다. 그들은 운명과 현실의 무거움에 비해 한 개체로서의 존재감마저 상실한 혹은 박탈당한 너무나 가볍고 투명한 존재들이다. 어쩌면 그들은 애초에 그런 가벼운 존재로서 살아가도록 선고받았는지도 모른다. 마치 인화가 버린 아이가 태어나자마자 자신이 태어난 곳에서 지구 반 바퀴 이상 떨어진 곳으로 옮겨져 전혀 다른 피부색을 가진 양부모에게 자신의 존재를 의탁해야 했던 것처럼, 인화를 포함하여 인화가 마주친, 아니 인화의 시선에 포착된 그 존재들은 삶의 뿌리 자체가 아예 존재하지 않는 텅 빈 존재들이다.

공간의 실재성과 상징성

전수일 감독의 영화에서 공간은 등장인물만큼이나 중요한 의미를 가진다. 대부분 영화들이 사건의 연쇄를 통해 영화를 전개하는 것과 달리, 전수일 감독은 공간에 대한 묘사와 공간의 변화를 중심으로 자신의 영화를 전개해 나간다. 〈영도다리〉에서도 공간은 인물이 처한 상황, 인물의 심리적 변화 등을 설명하는 데 있어서 중요한 역할을 담당한다. 굵은 방범창이 마치 창살처럼 드리워진 인화의 단칸방, 부둣가를 헤매던 인화가 낯선 소년과 담배

를 나눠 피던 폐선, 잠수부들이 시체를 찾기 위해 자맥질하던 선창가, 그리고 인화가 자기 아이를 찾기 위해 찾아간 알프스 산골 마을은 특정한 사건을 전개하기 위한 배경이 아니라 영화의 주제를 설명하는 핵심적인 요소로 기능하고 있다. 이처럼 공간을 영화를 작동시키는 중요한 동력으로 설정하고 있다는 점은 전수일 영화만의 특징이라고 할 수 있다. 그런 점에서 우리는 전수일 감독의 영화를 '공간을 탐색하는 영화'라고 말할 수 있을 것이다. 전수일이 공간을 다루는 방식은 이중적이다. 일차적으로 그는 리얼리즘적인 관점에서 공간을 포착한다. 그는 자신의 인물들을 다룰 때도 그랬던 것처럼 공간의 실재성을 최대한 살리고자 한다. 최소한의 스펙터클적인 요소도 배제하려는 그의 의지는 히말라야의 설산을 비출 때나, 탄광촌의 석탄 더미를 비출 때나, 부산 앞바다를 비출 때나 한결같이 확인된다. 이것은 결코 쉬운 결정은 아니었을 것이다. 예를 들어 안나푸르나의 절경으로 관객의 시선을 사로잡는 것보다 더 손쉬운 방법은 없었을 테지만, 감독은 눈부신 절경 대신 먼지가 풀풀 날리는 메마른 대지를 선택한 것이다. 그럼에도 불구하고 그의 영화는 매우 아름답다. 하지만 그 아름다움은 미지의 공간에 대한 이국적 호기심을 만족하게 하는 표피적인 아름다움이 아니라, 인간과 자연의 맨얼굴을 그대로 드러내고 있는 공간의 실재성과 구체성으로부터 기인한 아름다움이다. 〈영도다리〉의 공간 역시 매우 실제적이다. '영도다리'는 이 영화의 제목이자 동시에 이제 사라져 역사의 유물로만 기억될 어떤 구조물의 이름이기도 하다. 하지만 이 영화에 등장하는 '영도다리'는 일말의 향수도 자극하지 않는다. 전수일 감독은 이 다리를 아름답게 보여주기보다는 그 낡아 버린 몸뚱이를 있는 그대로 보여주는데, 그것은 이 용도 폐기된 다리가 그 다리 주변을 떠도는 인간들에 대한 상징이 되기를 원했기 때문으로 보인다. 이처럼 하나의 공간이 실재적이면서도 동시에 상징적인 양상으로 보이는 것이야말로 전수일 감독의 영화가 가진 특징이라고 말할 수 있다. 전수일의 영화에서 공간의 역할이 지배적으로 드러난 영화로 〈검은 땅의 소녀와〉와 〈히말라야, 바람이 머무는 곳〉을 꼽을 수 있는데, 이 두 편의 영화에서도 탄가루가 풀풀 날리던 황량한 탄광촌의 풍경과 인간의 흔적을 완전히 삼켜버리는 황량한 산맥의 모습은 실재적이면서 동시에 상징적이라고 말할 수 있다. 이런 공간의 이중성은 전수일의 영화를 일반적인 사실주의 영화나 조형주의 영화, 어느 한쪽 계열로 분류하기 어렵게 만드는 요인이자, 그의 영화에 독창성을 부여해주는 중요한 특징이기도 하다.

실재성과 상징성을 동시에 포착하려는 야심 찬 의도만큼이나 자신의 영화

에 어울리는 공간을 찾고자 하는 전수일 감독의 노력 또한 만만치 않다. 그
는 늘 우리 곁에 실재하고 있지만, 우리가 찾아내지 못했던 공간들, 우리의
시선을 거부했던 공간들, 혹은 인간들이 감히 찾아갈 엄두를 내지 못했던
공간들을 찾아간다. 〈영도다리〉에서도 감독의 시선을 사로잡은 것은 버려
진 폐선, 인적이 드문 다리 밑, 가운데가 굵고 길게 갈라진 콘크리트로 덮인
골목길, 청소년들이 숨어 담배를 피우는 건물 모퉁이, 그리고 무거운 커튼
과 굵은 창살이 드리워진 원룸 등이다. 도시의 중심부에서 몸을 숨긴 채 은
밀하게 존재하고 있는 공간들의 풍경 위에 인화를 비롯한 여러 인간의 모습
이 겹쳐지는 것은 당연한 일이다. 어둡고 습하고 침침한 이 공간에 우리는
쉽사리 동화되기 어렵다. 하지만 이 영화 속 인물들은 이 공간에 이르러 비
로소 웃고, 비로소 울고, 비로소 고통스러워한다. 굵은 창살과 무거운 커튼
에 의해 세상과 분리된 인화의 방은 세상이 그녀를 격리한 공간이기도 하지
만 동시에 이 유령과도 같은 인화의 존재를 세상으로부터 보호해주는 보호
막이기도 하다. 그렇기에 인화는 그 방안에 이르러서야 익숙한 외로움 속에
자신을 풀어놓을 수 있었다.

I came …

〈영도다리〉의 마지막 부분에서 인화는 마침내 자신의 아이를 찾아 떠난다.
이제껏 전수일의 영화 속 인물들이 어떤 경계를 차마 넘지 못했다는 점에서
이것은 일종의 변화라고 할 수 있다. 자기 아이의 양부 앞에서 인화는 더듬
거리며 말한다. "I… came… I… came…." 인화의 더듬거리는 목소리가 이

어지며 영화는 끝난다. 과연 인화는 아이를 다시 볼 수 있었을까? 과연 인화는 아이를 다시 데려올 수 있었을까? 알프스에서 돌아온 후에 인화의 삶은 어떻게 바뀔까? 인화는 새로운 삶을 살 수 있을까 아니면 이전 전수일 감독의 영화 속 주인공들처럼 다시 제자리로 돌아오게 되는 것일까? 주인공 인화가 차마 말을 끝맺지 못했던 것처럼, 영화는 이런 의문들을 남겨 둔 채 마무리된다. 그리고 그 의문에 대한 답을 찾는 것은 언제나 그랬던 것처럼 우리의 몫으로 남았다.

부재와 상실의 미학,〈이방인들〉

〈이방인들〉(2012)은 최용석의 필모그래피에서 중요한 영화다. 이 영화는 2006년에 발표된 감독의 영화 〈제외될 수 없는〉과 주제나 형식 면에서 대구를 이루고 있다. 만일 러닝타임 70여 분의 〈제외될 수 없는〉을 중편영화로 분류한다면 〈이방인들〉은 감독의 첫 번째 장편영화라고도 말할 수 있다.

최용석
감독

텅 빈 서사

주인공 연희가 마을에 도착한 지 얼마 지나지 않아 우리는 그곳에서 끔찍한 사건이 벌어졌음을 알게 된다. 장난감 공장에서 일어난 화재로 인해 여러 사람이 희생되었으며 화재의 원인도 아직 밝혀지지 않았다는 것이다. 연희의 어머니도 그 사고로 목숨을 잃었다. 사고가 벌어진 뒤 1년 후 연희는 어머니의 기일에 맞춰 마을을 찾은 것이다.

끔찍한 사고가 일어난 이후의 이야기를 다룬 〈이방인들〉의 도입부는 미스터리 스릴러 영화를 연상케 한다. 사고의 원인을 찾는 과정에서 뭔가 더 끔찍한 비밀이 드러날 것만 같다. 등장인물들의 행동이나 태도는 이런 궁금증을 증폭시킨다. 연희가 마을에 도착한 직

후 만난 석이의 태도는 이 영화가 미스터리 스릴러라는 인상을 더욱 강하게 심어준다. 화재사고로 아버지를 잃은 석이는 연희에게 장난감 공장 사장이 보험금을 타내려고 일부러 화재를 저질렀다고 말한다. 그러고 보면 장난감 공장 사장의 태도가 미심쩍긴 하다. 영화 초반부 가출한 아내를 찾아다니는 그의 초췌한 몰골과 힘없는 말투는 약간의 연민을 느끼게도 만든다. 하지만 그는 장난감을 팔고 있는 노점상의 좌판을 별다른 이유도 없이 뒤엎는가 하면 경찰서에 끌려가서도 오히려 자기가 억울하다는 투로 항변한다. 게다가 사장은 의식불명인 상태로 병원에 누워있는 사람에게 차라리 빨리 죽었으면 좋겠다고 말하기까지 한다. 그 환자가 이 의문의 화재사고에 대한 열쇠를 쥐고 있는 것으로 추측되는 인물이라는 점에서 사장이 석이의 말처럼 뭔가를 감추고 싶어한다는 추측은 더욱 강해진다.

연희도 석이와 비슷한 생각이었을까? 마을에 도착한 연희는 짐을 풀자마자 곧장 사람들을 만나고 마을 여기저기를 방문한다. 비록 형사나 탐정처럼 기민하기는 않지만 그녀의 탐색은 어느 정도 성과를 올리는 것처럼 보인다. 그녀가 만난 사람들 대부분이 어머니의 이야기를 들려주고, 그녀가 방문하는 장소마다 이제까지 잘 알지 못했던 어머니의 흔적이 남아 있었기 때문이다. 사연 많아 보이는 연희의 얼굴은 더욱 관객의 호기심을 자극한다. 그녀의 얼굴에는 화재로 세상을 떠난 어머니로 인한 슬픔 이상의 감정이 서려 있다. 따라서 속을 헤아릴 수 없는 얼굴로 연희가 계속 누군가를 만나고 어딘가를 찾아 나설 때 엄청난 비밀의 실마리가 조금씩 풀려나갈 것이라는 기대도 자연스럽게 커진다.

하지만 시간이 흐르면서 이런 기대가 잘못된 것이었음을 깨닫게 된다. 영화의 도입부에서 품었던 의문은 엔딩 크레딧이 올라갈 때까지 여전히 의문으로 남아 있기 때문이다. 다시 말해서 왜 불이 났는지, 왜 연희와 석이의 부모가 그곳에서 사고를 당했는지, 병원에 누워있는 환자는 무엇을 알고 있는지, 장난감 공장 사장은 무엇을 감추고 있었는지 전혀 밝혀지지 않는다. 몇 가지 새롭게 알려진 사실도 있다. 이 과정에서 연희가 한때 이 마을에 살았고, 어떤 이유로 마을을 떠난 후 어머니의 사고 소식을 듣고 지금에야 다시 마을로 돌아왔다는 사실이 드러난다. 또한, 연희와 장난감 공장 사장이 특별한 관계가 있었으며 그것이 연희가 마을을 떠난 이유와 관련이 있다는 사실과, 연희의 어머니가 교회의 전도사였으며 연희가 떠난 이후 희망원이라는 단체에서 봉사활동을 했다는 사실도 드러난다. 하지만 이 새로운 정보들은 의문을 해소해주기는커녕 또 다른 질문을 만들어낼 뿐이다. 예를 들어, 연희와 장난감 공장 사장이 어떤 사이였는지, 연희가 마을을 떠나게 된 결정적인 이유는 무엇이었는지, 마을을 떠난 이후 연희는 어디에서 무엇을 했는지, 왜 그녀는 어머니의 사고 소식을 듣고도 1년이나 지나서야 돌아왔는지 등 여러 가지 질문들이 잇달아 솟아난다. 결국, 주인공의 도착과 더불어 사건의 진상이 조금씩 드러날 것이라는 관객의 기대는 완전히 잘못된 독법이었다.

이와 유사한 서사의 방식을 최용석은 이미 〈제외될 수 없는〉에서도 선보인 바 있다. 이 영화는 한 아이의 죽음이라는 사건 이후에 남아 있는 사람들의 이야기를 다루고 있다. 〈이방인들〉과 마찬가지로 살아남은 사람들은 끔찍

한 사건의 후유증을 앓고 있다. 하지만 영화는 사건의 전말을 선명하게 드러내지 않는다. 이따금 파편적인 정보가 제공되지만 이런 정보는 오히려 사건의 재구성을 어렵게 만들 뿐이다. 감독 스스로도 "상식적인 경우라면 원인에 대해 이야기하고, 왜 그것에 대해 고통을 받고, 왜 그들은 방황하는가에 대해 이야기하는데, 내 영화에는 그런 부분이 없거나 별로 중요하게 다루어지지 않는다. […] 원인이나 이유는 살아갈 때 별로 의미가 없거나, 그 의미를 안다고 하더라도 내게는 전혀 도움이 안 된다는 인식이 있었던 것 같다"라고 말한다. 그렇다면 인과관계가 결여된 서사, 논리적 추론을 무력화시키는 서사, 관습적 혹은 장르적 독법을 거부하는 서사는 최용석의 고유한 스타일이라고 말해야 옳을 것이다. 사건의 전후 관계에 대한 설명이 빠져버린 빈자리를 채우는 것은 사건 이후의 감정과 상태다.

이방인들 혹은 유령들

〈이방인들〉에 등장하는 주요 인물들은 모두 사건에 연루되어 있다. 연희는 어머니를 잃었고 석이는 아버지를 잃었다. 장난감 공장 사장은 동네 사람들의 손가락질을 받고 있으며 아내로부터도 버림받았다. 사건이 벌어진 지 1

년이 지났지만, 이들은 여전히 상실감, 분노, 죄책감에 시달리고 있다. 다행인지 불행인지 모르겠지만 이들은 심각한 내상을 입었음에도 자신의 감정을 쉽사리 드러내지 않는다. 감정을 폭발시킨다고 해서 벌어진 일을 돌이킬 수는 없다는 사실을 알고 있기 때문인지도 모른다.

감정을 제어하기 위해서인지 인물들은 천천히 말하고 느리게 움직인다. 평범한 대화를 나눌 때조차 그들은 한 마디 한 마디를 꼭꼭 씹어서 뱉는 것처럼 말한다. 무표정한 얼굴, 신중한 말투, 느린 행동은 인물들을 유령처럼 느껴지게 만든다.

유령이 이승과 저승의 경계를 떠도는 것처럼 〈이방인들〉의 인물들도 삶의 공간에 뿌리를 내리지 못하고 떠돈다. 연희는 오랜만에 고향으로 돌아왔지만, 그곳에는 고향의 온기가 사라진 지 오래다. 자신을 보듬어줄 어머니도 세상을 떠났으며 어린 시절의 연희를 기억해주는 사람도 없다. 그녀는 온종일 마을 곳곳을 배회하지만, 그녀를 반겨주는 사람은 아무도 없다. 구멍가게 앞 평상에 앉아 있던 정신이 온전치 않아 보이는 노파만이 그녀의 손을

잡고 오래간만이라고 반겨준다. 연희는 노파의 손에 자기 손을 맡긴 채 희미한 미소를 짓는다. 어쩌면 연희가 이 마을에서 찾고 싶었던 것은 돌아가신 어머니의 흔적이나 끔찍한 사건의 비밀을 말해줄 단서가 아니라 잃어버린 자신의 과거였는지도 모른다.

가야 할 곳도 머물 곳도 알지 못한 채 떠도는 것은 연희만이 아니다. 마을에 남아있던 사람들도 근거를 잃어버린 채 불안정한 삶을 영위하고 있다. 석이는 아버지를 잃은 후 원망과 의심에 사로잡혀 살아간다. 사람들은 석이의 말을 별로 귀담아듣지 않는 것 같지만 석이는 개의치 않는다. 그렇다고 해서 사고의 원인을 규명해서 사장의 책임을 물을 의지는 없어 보인다. 그럼에도 불구하고 그가 계속 사장을 의심하는 이유는 자기가 감당하기 힘든 비극의 책임을 다른 사람에게 돌림으로써 스스로 견디는 방법을 찾고 싶어서라고 할 수 있다. 사고가 일어난 지 1년이 지났지만, 여전히 석이가 사장을 의심하고 있다는 사실은 그가 아직 사고의 후유증에서 벗어나지 못했다는 것을 말해준다.

장난감 공장 사장 역시 과거에 발목이 잡혀 현재를 허깨비처럼 살아가는 인물이다. 화재사고로 그는 모든 것을 잃었다. 아마도 그는 절실하게 과거와 결별하기를 원했을 것이다. 하지만 그런 바람은 실현되지 못한다. 마을에는 석이처럼 자신을 향해 의심의 눈초리를 던지는 사람이 있고, 병원에는 의식불명인 상태로 겨우 목숨만 부지하고 있는 사람도 있다. 과거는 잊히기는커녕 매일매일 새롭게 되살아나 그의 현재를 갉아먹고 있었다. 설상가상이랄까, 연희까지 갑자기 마을에 등장하면서 그의 심적 고통은 더욱 커진다. 이상한 점은 이런 힘든 상황에도 불구하고 그가 마을을 떠나지 않는다는 사실이다. 무엇이 그를 붙들고 있는 것일까? 영화 마지막까지도 그가 이 마을에 남아야 할 이유는 제시되지 않는다. 그렇다면 그는 자발적으로 남아있는 것이 아니라 이곳 외에는 머물 곳을 찾지 못해서라고 말하는 편이 옳을 것이다.

연희, 석이, 장난감 공장 사장 등 이 영화의 인물들은 모두 자신이 속해야 할 곳을 찾지 못하고 엉뚱한 곳에서 배회하는 이방인들이다. 그들은 그곳에 있

지만, 그곳은 그들이 있기에 적절한 곳이 아니다. 그들 모두 인정받지 못한 존재들이기에 사람들은 그들을 마치 존재하지 않는 사람처럼 취급한다. 어쩌면 연희와 석이 등이 텅 빈 공간을 계속 배회하는 것은 그들이 이 공간에 속할 것을 인정받지 못한 존재들이기 때문인지도 모른다.

아무도 기억하지 못하는 연희를 알아본 또 한 사람이 있다. 바로 은임이다. 동네의 한적한 길에서 연희와 마주친 은임은 이내 그녀에게 친근하게 말을 걸어온다. 여러모로 복잡한 심정이었음에도 연희 역시 은임을 내치지 않는다. 두 사람은 이내 오래전부터 알고 지내던 사이처럼 함께 걷고 함께 이야기를 나눈다. 그런데 영화에서도 드러나듯이 연희와 은임은 예전부터 알던 사이가 아니다. 두 사람의 인연이라면 연희가 마을을 찾아올 때 은임이 지하철 맞은편에 앉아있었던 것뿐이다. 기억해내기도 어려운 찰나의 인연에 불과하지만 두 사람은 서로에게 쉽사리 마음을 연다. 이상한 점은 은임은 연희와의 관계를 통해서만 존재한다는 점이다. 그녀는 연희에게만 이야기하고 연희와 있을 때만 화면에 등장한다. 은임은 자기 스스로 이 마을에 오

래 살았으며 연희 어머니와도 각별한 사이였다고 말하지만 마을 사람 누구
도 연희에게 은임의 이야기를 하지 않는다. 어쩌면 은임은 연희의 상상 속
에서만 존재하는 환영인지도 모른다. 어디선가 불쑥 나타나서는 말을 걸고
는 어디론가 휙 사라진다거나 둘이 함께 마을 여기저기를 돌아다니지만 두
사람 외에 다른 사람과 마주치는 경우가 없다는 점 등은 연희와 은임이 마
치 다른 차원의 공간에 존재하는 것 같은 느낌을 준다. 물론 은임이 환영이
거나 유령일 가능성은 거의 없다. 하지만 적어도 은임은 연희에게 특별한
존재임이 분명하다. 연희는 은임에게서 현재 자신에게 없는 그 무엇을 발견
한다. 은임은 연희가 마을을 떠난 이후 끊어져 버린 어머니와의 관계를 연
결해주는 매개적 존재다. 짐작건대 은임의 나이는 마을을 떠날 무렵 연희의
나이와 비슷해 보인다. 연희가 자기 어머니를 떠나면서 생긴 빈자리를 은임
이 채워주고 있었다. 그녀는 연희 어머니에게서 피아노를 배웠고 그녀에게
서 보살핌을 받았다. 또한, 연희가 어머니에게 죄책감과 상실감을 느끼고
있지만 은임은 연희의 어머니에게 좋은 감정만을 가지고 있다. 은임이 어떻

게 느끼는지는 알 수 없지만 적어도 연희는 은임을 자신의 분신처럼 받아들였다. 그래서 연희는 은임에게 자기가 은임이 좋아하는 그 아줌마의 딸이라고 굳이 밝히지 않는다. 이미 은임이 연희이고 연희가 은임이기 때문이다.

마침내 분향소에 들러 어머니의 유골함 앞에 선 연희는 사진 한 장을 꺼내 유골함 앞 액자에 끼워 넣는다. 오래된 그 사진 속에 있는 어린 연희의 모습은 지금의 연희보다는 차라리 은임의 앳된 얼굴을 더 닮았다. 분향소에 다녀온 뒤 연희와 은임은 더 이상 만나지 못한다. 은임은 약속 장소에서 연희를 기다리지만, 연희는 그곳에 가지 못한다. 비록 뒤늦은 재회, 때늦은 애도였지만 어머니 앞에 서면서 연희는 자신의 과거와 결별할 수 있게 된 것이다.

공간과 시선

〈이방인들〉은 고통을 안고 살아남은 자들의 이야기다. 하지만 인물들은 그 고통을 드러내려 하지 않는다. 그들이 겪은 상처가 클수록 감정을 억제하기 위한 노력도 커진다. 연희나 석이의 무표정한 얼굴은 역설적으로 그들이 지금 감정을 억누르기 위해 안간힘을 쓰고 있음을 말해주고 있다.

말이나 표정으로 감정을 드러내는 대신 그들은 시선으로 자신의 고통을 표현한다. 최용석 감독은 인터뷰에서 "살아가면서 제일 힘든 게 자기가 사랑했던 사람들과 같이했던 공간을 혼자 바라보는 것"이라고 말한다. 그의 말을 좀 더 옮기면 "아파하는 것은 힘들기 때문에 어쩔 수 없이 나오는 행동"이지만 "바라보는 것은 이미 그런 과정을 다 지내고 나서 하는 것"이다. 사랑하는 사

람을 떠난 보낸 뒤 그들이 있던 공간을 응시하는 인물의 모습은 〈이방인들〉
뿐만 아니라 〈제외될 수 없는〉에서도 볼 수 있다. 〈제외될 수 없는〉은 자살
한 소녀의 아버지, 친구, 담임선생의 클로즈업으로 시작한다. 그들은 모두
빈 곳을 응시하고 있다. 이후로도 영화 속에 등장하는 중요한 공간들은 대
부분 비어있는데, 이 공간이 자살한 소녀와 관련이 있는 공간이라는 사실을
알아차리는 것은 어렵지 않다. 허문영은 이 영화에 나타난 빈 곳들을 '사실
주의적 배경이 아니라 심리적 공간'이라고 말한다. 〈이방인들〉도 이런 해석
에서 크게 벗어나지 않는다. 은임의 입을 통해 '어중간한 곳'이라고 설명된
이 마을의 풍경은 중심을 잡지 못한 채 경계에서 방황하고 있는 인물의 내
면을 대변하고 있다.

최용석의 인물들은 지금 이곳에 있지만 이곳은 그들이 머물만한 곳이 아니다. 그럼에도 불구하고 그들은 그 공간을 떠나지 않는다. 장난감 공장 사장에게 이곳은 자신의 모든 것을 앗아간 공간이다. 마을 사람들이 자신을 어떻게 바라보는지 사장 자신도 잘 알고 있다. 그럼에도 불구하고 그는 이곳에 머물러 있다. 석이는 어떤가? 사장에 대한 분노를 되새김질하는 것 외에는 아무런 일도 하지 않는 것처럼 보이는 그도 무슨 이유인지 이곳을 떠나지 않고 있다. 이런 운명을 피하려는 듯 일찌감치 마을을 떠났던 연희마저도 결국 이곳으로 소환되어 다른 이들과 마찬가지로 이 어중간한 곳을 배회하게 된다. 이들은 모두 자신의 자유의지와는 무관하게 이 공간에 속박되어 있다. 그런 점에서 이들은 유배당한 죄인이나 다름없다.

원죄와 속죄

최용석의 영화에는 죽음이나 실종 같은 치명적인 사건이 등장하지만 사건의 전후 사정이나 인과관계는 별로 중요하게 다루어지지 않는다. 감독의 관심은 오로지 그 사건에 휘말린 사람들에 집중되어 있다. 그런데 그 사람들은 그 사건과 직접적인 관련을 맺고 있지 않다. 그들은 그 사건을 유발한 사람도 아니며, 그 사건의 피해자도 아니기 때문이다. 그들은 자신의 의지와는 무관하게 과거에 벌어진 사건을 수습하고 감당해야 하는 사람들이다. 문제는 자신이 직접 연루되지도 않은 그 사건이 원죄처럼 그들을 무겁게 짓누른다는 사실이다. 왜 그들은 그토록 깊은 상실감과 죄책감에서 벗어나지 못하는 것일까? 혹시 아담의 후손들이 원죄를 안고 살아가야 하듯 최용석의 인물들이 느끼는 상실감이나 죄책감은 어떤 사건의 결과나 후유증이 아니라 처음부터 결정되어 있는 실존적 조건은 아니었을까? 만일 그렇다면 그들을 사로잡고 있는 상실감은 어떤 대상에 대한 상실이 아니라 자기 존재의 결핍에서 비롯된 것이라고 말해야 할 것이다. 영화의 후반부에서 연희는 장난감 공장 사장과 교회에서 꽤 긴 대화를 나눈다. 많은 비밀이 담겨 있는, 하지만 어떤 비밀도 속 시원히 털어놓지 않았던 그 대화를 마친 후 연희는 밤거리에서로 홀로 눈물을 쏟아낸다. 그런데 왜 연희는 그때서야 눈물을 흘렸던 것일까? 만일 그녀의 상처가 어머니의 상실에서 기인한 것이라면 그녀는 어머니의 유골함 앞에서 울어야했던 것이 아닐까? 장난감 공장 사장과의 대화 후에야 연희가 눈물을 흘렸다는 것은 그녀가 결국 자기 자신의 문제로 인해 괴로워하고 있었음을 말해주는 것은 아닐까?

영화는 이런 질문에 해답을 제시하지 않는다. 마지막 장면에서 연희는 호숫가에 서 있다. 저 멀리 해가 떠오르고 한 척의 배가 미끄러져 들어온다. 잠시 후 넓은 호수를 가로지르는 배 위에 연희와 석이가 앉아있다. 여전히 알 수 없는 표정으로 앉아있던 연희가 잠시 고개를 들어 하늘을 응시하며 영화는 마무리된다. 과연 이들은 어디로 가는 것일까? 연희와 석이는 이 '어중간한' 유배지를 떠나고 있는 것일까? 아니면 그들은 여전히 이 경계 안을 맴돌고 있는 것일까? 공교롭게도 최용석 감독의 다음 영화 〈다른 밤 다른 목소리〉(2015)는 항구로 돌아 온 한 남자의 이야기로 시작한다. 그 남자의 이름은 석이이며, 그는 사라진 아내를 찾기 위해 지금 막 배에서 내렸다. 사라진 아내의 이름은 은임이다. 〈이방인들〉의 이야기는 아직 끝나지 않았다.

'88만원 세대'의 회색빛 보고서, 〈도다리〉

박준범 감독

한국 사회에서 지금처럼 젊은 세대가 우울했던 시기가 있었던 가? 절대 빈곤과 군사 독재의 어두운 터널을 통과하던 시기에도 이 정도로 젊은 세대가 절망과 무기력에 사로잡혀 있지는 않았 다. 스스로를 건사하는 것마저도 힘들어 보이는 지금 이 땅의 이 십 대에게 경제학자 우석훈은 '88만원 세대'라는 우울한 이름표를 붙여주었 다. 부산에 사는 스물여섯 동갑내기 세 친구를 주인공으로 한 박준범 감독 의 〈도다리〉(2007, 재편집을 거쳐 2012년 〈도다리−리덕스〉라는 제목으로 개봉)는 바로 이 '88만원 세대'의 문제에 대한 보고서다.

"화장실, 가지 마라. 고장 났다."

다소 상투적이긴 하지만 청춘이란 활력, 패기, 저항 등의 단어를 연상시킨다. 영화사로 한정 지어 살펴보아도 독일, 프랑스, 미국, 일본 등의 이른바 뉴 제너레이션의 영화에서는 공통으로 기성세대에 대한 분노와 자신들의 영토를 개척하려는 패기와 활력 등이 발견된다. 하지만 지금 대한민국의 이십 대는 사십 대에나 어울릴법한 피로감에 젖어있다. 〈도다리〉에 등장하는 세 친구 또한 예외가 아니다.

우석과 상연, 그리고 청국, 이 세 친구는 화장실이 고장 난 옥탑방 같은 상황에 부닥쳐 있다. 그들 내부에서는 다양한 욕망이 부글부글 끓어오르고 있지만, 현실적으로 그 욕망이 배출될 통로는 꽉 막혀있는 상태다. 더욱 고통스러운 것은 배출할 수 없는 상황에서 압력은 점점 가중된다는 점이다. 우석은 이 세 친구 가운데서도 가장 강한 억압의 상태에 놓여 있는 인물이다. 병든 어머니를 부양하고 있는 그는 새벽 어시장에서 일하는 와중에도 경찰 공무원 시험을 준비하고 있다. 스물여섯이라는 혈기왕성한 나이에 자신의 욕망을 배출하는 방법보다 억누르는 방법을 먼저 배운 우석은 늘 사람 좋은 미소를 짓고 있지만, 그 미소는 진정한 행복감에서 우러나온 것이 아니다. 그의 처지를 생각해 볼 때 지금 우석은 '세상이 왜 이렇게 불공평하냐고' 소리를 질러야 마땅하다. 따라서 그 미소는 자신의 감정을 감추기 위해 우석 자신이 스스로 만들어 놓은 일종의 가면인 셈이다.

상연 역시 마찬가지다. 세 친구 가운데 유일한 대학생인 그는 다른 친구들에 비해 상대적으로 무난해 보이는 인물이지만, 현실의 억압에 시달리기는 마찬가지다. 우석이 자기 욕망을 억누르면서 일찍 어른들의 세계로 편입되었다면, 상연은 자기 욕망을 표현하거나 발산하는 법을 제대로 배우지 못한 채 육체적으로만 성년이 된 인물이다. 그는 우유부단하고 끈기도 없다. 그렇다고 세상에 정면으로 맞설 용기도 없다. 게다가 친구들을 위한다는 명목으로 호스트바 아르바이트를 자원한 데서도 알 수 있듯이 그는 막연한 부채감 혹은 과도한 책임감까지 짊어지고 사는 존재다. 늘 태연한 표정을 짓고 있지만,

자신을 사랑하는 법을 배우지 못한 그는 이 세 사람 중에서 가장 외로운 인물이다.

청국은 우석과 상연에 비해서는 비교적 자유로운 인물이다. 클럽에서 래퍼로 활동하는 그는 현실에 대해 무관심하고 무책임한 태도로 일관한다. 우석과 상연은 이런 청국을 늘 보살피고 다독인다. 다른 친구들이 이런 태도를 보이는 이유는 아마도 청국이 그들이 감히 시도조차 하지 못하는 일종의 일탈과 저항을 실천하고 있기 때문일 것이다. 하지만 그가 누리는 자유, 그가 보여주는 저항의 몸짓은 지극히 제한적이다. 세상에 별 관심이 없어 보이는 그에게 세상 역시 아무런 관심을 보이지 않는다. 우석과 상연을 제외하고 청국에게 각별한 관심을 보이는 자들은 사채업자들뿐이다. 그가 빌린 돈의

이자가 불어나는 것과 반비례해서 그가 세상에 저당 잡힌 청춘의 에너지는 점점 더 소진되어간다.

"되는 게 하나도 없노?"

우석, 상연, 청국은 모두 실패자들이다. 우석훈의 말을 빌리면 그들은 실패가 예정된 자들이다. 기득권을 차지한 기성세대는 그들을 이미 승패가 결정된 전장으로 끌어들인다. 〈도다리〉에서 청국과 그 친구들을 곤경에 몰아넣는 사채와 이보다 앞서 발표된 '88만원 세대'에 대한 우울한 보고서 〈마이 제너레이션〉에서 주인공들을 소진하게 시킨 카드빚은 사실 이십 대가 선택한 삶의 방식이 아니라, 기성세대가 그들에게 노골적으로 혹은 암묵적으로 강제한 삶의 방식이다. 시간이 지나면 원금보다 이자가 더 많아지는 사채처럼 기성세대에게 청춘을 저당 잡힌 이십 대의 삶은 점점 더 악화된다. 벼랑으로 내몰린 이십 대들은 그들에게 허락된 손바닥만 한 자투리땅을 차지하기 위해 악전고투를 벌이지만, 실상 그들 가운데 누구도 승자가 되지 못한다. 서로가 서로를 할퀴고, 서로가 서로를 속이는 아귀다툼이 있을 뿐이다. 족구경기 장면을 보자. 실수를 반복하는 상연에게 그의 선배가 이렇게 말한다. "절마는 하면 되는 게 하나도 없노?" 물론 그런 말을 하는 선배 또한 '88만원 세대'의 일반적인 초상에서 멀리 떨어져 있는 인물이 아니다. 하지만 상연은 같은 또래 사이에서도 번번이 실패하는 인간, 같은 편을 해서는 안 되는 인간으로 취급된다. 또 시험에서 낙방하고, 어머니는 여전히 병석에 누워있고, 동생은 일하다 병원 신세를 지는 우석이나 새아버지가 싫어서 집을 나온 뒤 어머니와 말 한마디 제대로 붙이고 살지 못하는 청국의 형편 또한 상연이나 우석에 비해 별로 나을 바가 없다.

이들이 모든 일에 있어서 실패가 약속된 인간이라는 사실은 연애를 다룬 부분에서도 잘 드러난다. 상연은 같은 동아리 후배 가람을 좋아하면서도 그마음을 고백하지 못한다. 후배 역시 그에게 호감을 느끼고 있는 것이 분명하지만, 그는 계속 그녀의 주변을 맴돌 뿐이다. 상연과 가람이 새벽 시간 동아리방에서 우연히 조우하는 장면은 상연이 어떤 인물인지를 재확

인시켜 주는 장면이다. 상연이 늘 즐겨듣던 노래가 흘러나오자 가람이 묻는다. "선배 이 곡 진짜 좋아하시죠? 이거 진짜 좋은 것 같아요. 그렇죠?" 가람은 상연이 즐겨듣던 곡을 통해 우회적으로 상연에 대한 관심을 표현한 것이다. 하지만 상연의 반응은 뜻밖이다. "그냥 뭐…. 그래 좋아하는 건 아니고." 두 사람의 대화는 더 이상 이어지지 못한다. 자신의 감정을 솔직하게 드러내는 법을 알지 못하는 상연은 입대를 앞두고서야 힘겹게 그녀

에게 오랫동안 사랑해 왔노라 고백한다. 하지만 고백 이후 상연이 취한 행동은 그 자리를 피해버리는 것이었다. 짐작컨대 입대라는 좀 더 길고 결정적인 도피가 예정되어 있지 않았다면 상연은 끝내 자기의 마음을 고백하지도 못했을 것이다. 그렇다면 왜 상연은 자신의 고백에 대한 답변을 기다리

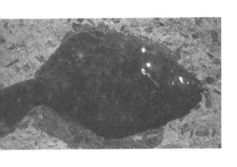

지 않은 채 고백했다는 사실 자체에 만족해 버린 것일까? 사랑은 청춘에게 허락된 가장 양보하기 어려운 특권이 아니던가? 물론 고백 이전에 상연은 호스트바에서 자신의 몸을 팔았던 적이 있다. 하지만 상연이 가람의 고백을 듣지 않았던 것은 그 자신이 더럽혀진 몸이라서가 아니라 자신에게 돌아올 대답이 두려웠기 때문이다. 영화가 그 고백이 상연에게 어떤 영향을 미쳤는지 더 이상 보여주지 않기 때문에 미루어 짐작할 수밖에 없지만, 상

연의 도피는 성공하지 못했을 가능성이 아주 높다. 군대는 우리가 상상하는 것만큼 완벽한 도피의 공간이 될 수 없기 때문이다. 이처럼 자신에게 가장 소중한 가치를 스스로 파괴해버리는 상연의 어처구니없는 행동은 지금 이십 대가 얼마나 심각한 무기력증에 시달리고 있는지를 짐작하게 해준다.

상연이 자기 사랑을 끝장내는 동안 우석도 짧은 사랑을 한다. 친구들보다

일찍 어른들의 세계에 편입된 탓에 늘 혼자일 수밖에 없었던 그에게 한 소녀가 예고 없이 다가온다. 교복차림으로 담배를 입에 문 소녀는 독서실 복도에서 빵과 우유로 허기를 채우고 있던 우석에게 "불 있어요?"라고

당돌한 태도로 말을 건다. 연애의 시작이라기에는 어울리지 않는 방식으로 만난 두 사람은 어색한 방식으로 연애를 시작한다. 홀로 서려는 의지가 강한 만큼 외로움도 컸던 우석은 그녀에게 어렵게 마음을 연다. 하지만 첫 만남이 그랬던 것처럼 그녀는 예고되지 않은 방식으로 갑자기 우석을 떠나간다. 우석은 깊은 상처를 받지만, 그 마음을 표현하지 못한다. 세상에 맞서는 법을 잊어버린 우석은 실연의 순간에도 정면으로 맞서지 못하고 계단 옆에 몸을 숨긴 채 떠나버린 애인의 모습을 엿본다. 친구 상연이 그랬던 것처럼 우석 또한 당당히 자신의 존재를 밝히지 못하는 것이다. 과연 그들은 무엇을 두려워하고 있는 것일까? 오손 웰즈가 〈시민케인〉을 만들었던 스물여섯의 나이에 왜 상연과 우석은 자신의 사랑에 대해 솔직해지는 법도 배우지 못한 것일까? 대책 없는 범죄자 미셸 푸가드(장-폴 벨몽도)가 경찰에 쫓기는 와중에도 사랑에 몰두하고, 카트린느가 줄과 짐 사이에서 목적 없는 질주를 즐길 때, 성실하고 평범한 대한민국의 청년 상연과 우석은 사랑에 몰두할 기회조차 얻지 못한 채 현실의 포로가 되어버린 것이다. 반복되는 실패로 인해 조로해버린 청춘들. 슬프게도 이것이 이 영화가 준비한 시나리오이며, 이 사회가 예정해놓은 결말이다.

"돈 좀 있나?" 그리고 "밥은?"

믿기 어렵지만 지금 우리의 이십 대들을 가장 힘들게 만드는 것은 돈이다. 노동석 감독의 영화 〈마이 제너레이션〉의 주인공들이 카드빚에 시달렸던 것처럼 〈도다리〉의 주인공들 역시 돈 때문에 청춘을 저당 잡히고 만다. 청국은 사채에 시달리고, 우석은 생활비를 벌기 위해 고된 노동을 한다. 상연 역시 동기는 불분명하지만, 돈을 벌기 위해 룸살롱 웨이터를 거쳐 호스트바에서 아르바이트한다. 심지어 청국은 빚을 청산하기 위해 계부의 집에 들어가 강도질을 한다. 무엇을 위한 돈이 아니라 돈 그 자체가 지금 이들의 목표다. 다른 일에 대한 생각은 사치스러운 감정일 뿐이다.

돈이 세 친구로부터 인간적 면모를 박탈하는 요소라면, 이들을 살아있는 인간이게끔 느끼게 만드는 것은 밥이다. 이 영화 속의 인물들은 상대방에게

계속 "밥은?"하고 묻는다. 밥은 그들이 서로에게 느끼는 애정과 관심을 의미한다. 청국의 어머니는 오랜만에 만난 청국에게 묻는다. "밥은?" 경찰 시험 전날 엿을 들고 독서실에 있는 우석을 찾아온 상연이 우석에게 묻는다. "밥은?" 그리고 우석은 다시 자신의 동생에게 말한다. "밥은 먹고 다니냐?" 영화 첫 부분에 청국과 상연은 옥탑방에서 함께 라면을 먹는다. 라면을 훌훌 들이키면서 그들은 서로를 보며 흐뭇하게 웃는다. 이후로도 영화 속 인물들은 함께 술을 마시거나, 회를 먹거나, 밥을 먹는다. 이것은 매우 상투적

인 설정임이 분명하다. 게다가 '밥은?'이라는 인사는 이십 대들 사이에 어울리는 인사로 보이지도 않는다. 하지만 이들은 자연스럽게 서로에게 밥을 먹었는지 묻는다. 돈과 밥 사이에서 끊임없이 인간과 비인간의 경계를 넘나드는 이 영화 속 인물들에게 밥의 역할은 매우 중요하다. 자신들이 가진 것을 모조리 세상에 헐값에 내놓아야 하는 이들에게 밥은 유일하게 바깥세상으로부터 그들 내부로 유입되는 그 무엇이기 때문이다. 그래서 그들은 밥을 먹는다, 아니 먹어야 한다. 그것 외에는 아무것도 할 수 있는 것이 없다.

"형, 서울 가라"

〈도다리〉는 청춘에 관한 영화이자 동시에 지방에 관한 영화다. 우석과 상연, 청국은 '88만원 세대'라는 이름표를 단 대한민국의 이십 대의 초상이자 동시에 점점 더 왜소해지는 지방 도시에서 살아가고 있는 인물들의 초상이기도 하다. 이 영화의 무대인 부산은 한편으로는 바다를 향해 열린 도시지만, 다른 한편으로는 좁은 한반도, 그나마도 절반이 잘린 탓에 사실상 섬이라고밖에 할 수 없는 국토의 맨 밑에 위치한 도시다. 지리적인 조건이 그렇듯 이 영화 속 인물들의 삶도 더 이상 물러설 곳이 없다. 생활고는 해결되지 않고, 연애는 상처만 남겨 놓았다. 세 친구 중 한 친구는 사채에 시달리고, 다른 친구는 호스트바에서 몸을 팔고, 또 다른 친구는 청춘을 반납해버린 지 오래다. 이들의 상황이 나아지지 않을 것이라는 사실은 모두가 알고 있다. 이제 남은 일은 세 친구가 서로를 할퀴는 것뿐이다. 상연과 우석은 싸움을 하고, 우석은 상연이 쥐여 준 귤을 청국의 얼굴에 던진다. 세 친구의 이별은 이렇게 예고된다.

우석이 경찰 시험에 실패한 뒤 그의 동생은 우석에게 이렇게 말한다. "행님, 서울 안 갈래?" 우석은 말한다. "밥이나 먹자." 하지만 그도 알고 있다. 더 이상 여기에는 아무것도 남아 있지 않다는 것을. 여기서는 아무것도 가능하지 않으며, 예정된 실패만이 반복될 뿐이라는 것을. 그래서 그는 떠나기로 한다. 하지만 이 탈출은 조금도 희망적이지 않다. 그것이 결코 자발적인 결정이 아니었기 때문이다. 비슷한 시기에 상연과 청국도 자신들의 도시와 자신들의 삶의 조건으로부터 탈출을 결심한다. 상연은 앞서 말한 것처럼 입대를 결심한다. 그리고 청국은 늘 그랬듯이 구체적인 목적지 없이 오토바이에 건반 하나만을 싣고 무작정 길을 나선다.

비록 이제껏 그들을 사육하던 양식장을 벗어나긴 했지만, 여전히 삶은 그들 앞에 불투명한 모습으로 남아 있다. 그런 점에서 그들은 찢어진 그물 밖으로 자신의 의지와는 무관하게 튕겨 나온 물고기와 비슷한 처지인 셈이다. 우석은 동생의 말대로 부산을 떠나지만 새로운 도시에서 무엇을 해야 할지, 무엇이 가능한지 알지 못한다. 군대라는 완전한 수동성이 지배하는 사회로 도피하는 상연의 선택도 대안이 될 수 없기는 마찬가지다. 부산에서 찾지 못한 꿈을 서울의 세운상가나 군대 내무반에서 발견할 수 있다고 믿기란 어렵다. 만일 이 세 친구 가운데 새로운 삶의 가능성을 조금이라도 가진 자가 있다면 바로 청국일 것이다. 스스로를 딴따라가 아니라 뮤지션이라 칭하는 이 래퍼는 세 친구 가운데 유일하게 기성세대가 만들어 놓은 틀 속에 자신을 들여놓지 않은 존재다. 그는 성실함 대신에 나태함을, 의무감 대신에 무책임함을, 세상에 대한 근심 대신에 태평스러움을 선택한다. 무책임하게 게으른 표정으로 그는 노래한다.

"요, 시끄러워도 들어봐. 청국송. 날 욕하는 놈들은 모두 다 제껴. 에이 요, 운전하는 상연이 새끼. 내 랩에 굳이 토 달지 마라. 나도 알아. 내가 진짜 짱이잖아. 우석이는 생긴 게 존나게 구려. 니 얼굴과 나의 랩은 반비례. 똥구멍으로 랩을 해도, 니 무식은 못 따라가. 뭘 꼴아봐 새끼야. 존나 잘하지. 오, 오, 오, 청국, 크레이지 독."

부산을 떠나기 전 청국은 계부의 집을 턴다. 그의 어머니는 지금 눈앞에 칼을 들이대고 있는 자가 자기 아들임을 눈치챈다. 청국도 그 사실을 알아차린다. 자기 어머니와 비록 친아버지는 아니지만, 자신의 아버지에게 칼을 들이댐으로써 청국은 기성세대와 완전히 단절한다. 그럼으로써 그는 '88만원 세대'를 옥죄는 착취의 악순환에서 벗어날 실마리를 얻게 된다. 하지만 과연 그는 다른 친구들보다 행복한 삶을 살 수 있을 것인가?

뿔뿔이 흩어진 세 친구의 미래에 대해 이 영화는 더 이상 말해주지 않는다. 어쩌면 감독조차도 이 불투명한 삶의 휘장 저편에 무엇이 기다리고 있을지 알지 못하기 때문일 것이다. 노동석 감독의 생각을 빌어 이 세 친구의 미래를 예측해 본다면 적어도 지금 이 땅에서 우석의 세대에게 내일은 없다. 박준범 감독은 영화의 후반부에 이르러 우석과 상연 그리고 청국이 있었던 공간을 찾아간다. 텅 빈 곳. 한때는 누군가의 삶의 공간이었으나 이제는 익명

적 공간으로 남아있는 빈 곳들을 카메라는 천천히 포착한다. 오즈 영화의 한 장면을 연상시키는 이 장면을 통해 1980년생인 감독은 이 영화가 자신을 포함한 이 땅의 우울한 청춘들에게 보내는 애가 Elegy 임을 관객들에게 분명히 각인시킨다. 비록 그 노래가 너무 우울하고 무기력하다 해도 우리는 지금 이들의 목소리에 귀를 기울일 필요가 있다. 우리의 이십 대가 찬란한 청춘의 에너지를 회복할 때까지 우리는 조금 더 너그럽고, 조금 더 여유로운 마음으로 그들을 지켜보아야 한다. 이것이 박준범 감독이 자신의 세대를 대신하여 우리에게 전하는 메시지다.

불완전한 화해와 불안한 미래, 〈작별들〉

영화는 공항 대합실을 숨 가쁘게 뛰어가는 명희와 명호의 뒷모습으로 시작한다. 깡마른 몸에 비해 명희의 팔다리는 유난히 길고 가늘다. 어린 동생 명호는 누나의 손을 꼭 잡은 채 그녀에게 매달리듯 뛰어간다. 조선족 출신인 남매의 아버지는 가족을 버리고 중국 땅에서 새살림을 차렸고, 어머니는 남편을 찾아 중국으로 돌아간 뒤로 소식이 끊어졌다. 그 이후 여객터미널과 공항을 오가며 어머니가 돌아오기를 기다리는 것은 남매에게 있어서 가장 중요한 일과가 되었다. 아직 어린 명호는 언젠가 어머니가 돌아올 것이라는 기대를 버리지 않고 있지만, 명희는 어머니가 쉽게 돌아오지 않을 것을 짐작하고 있다. 어머니의 소식을 전해줄 거라 기대했던 아버지마저도 어느 날 연락할 길이 없어지면서 남매는 완전히 외톨이가 되었다. 낯선 땅에 남겨진 남매는 이제 굶주림에 대한 공포, 외톨이가 되었다는 공포와 싸워야 한다. 생계를 위해 남매는 폐지를 주워 팔기도 하지만 그것은 그저 이들이 아직 살아있음을 증명하기 위한 최후의 몸부림일 뿐, 이들 남매에게는 아무런 희망도 보이지 않는다.

김백준 감독

작별들

'작별들'이라는 영화의 제목처럼 명희와 명호는 소중한 사람들과 하나씩 둘씩 작별한다. 영화가 시작된 순간에 이미 아버지와 어머니로부터 버림받았던 이들 남매에게 새롭게 닥친 위기는 엄마가 떠난 후에 유일하게 그들을 보살펴주던 조선족 아줌마와의 이별이다. 몸도 마음도 위탁할 곳 없는 남매를 살갑게 대해주던 아줌마가 출입국관리소 직원들에게 끌려가는 모습을 목격한 명희와 명호는 큰 충격을 받는다. 직원들에게 양팔을 붙들린 채 발버둥 치다가 벗겨진 신발도 채 수습하지 못한 채 끌려가는 아줌마의 모습을 보며 명희와 명호는 미래의 자기들의 모습을 떠올렸을 것이다. 하지만 이런 미래의 두려움보다 더 큰 두려움은 당장 자신들이 의지하고 있던 미약한 현실의 끈이 그 순간 떨어져 나가고 있다는 사실이었다. 극심한 두려움에 사로잡힌 남매는 서로를 꼭 붙든 채로 이 참혹한 현장을 그저 바라보고만 있다. 주목할 점은 이 장면에서 극적 긴장을 고조시키기 위한 어떤 영화적 기교도 사용되지 않았다는 점이다. 카메라는 남매가 못 박힌 것처럼 서 있는 위치에서 이 상황을 지켜보고만 있다. 롱쇼트로 포착된 이 장면에서 카메라와 인물들 사이에 존재하는 물리적 거리는 남매가 개입할 수 없는, 아니 개입해서는 안 되는 사건 앞에서 그들이 느끼는 심리적 두려움과 육체적 무력함에 대한 비유적인 표현이다. 감독이 이 광경을 남매의 시점에서 보여줌으로써 얻을 수 있었던 또 하나의 효과는 이 사건이 앞으로 남매에게 닥칠 위기에

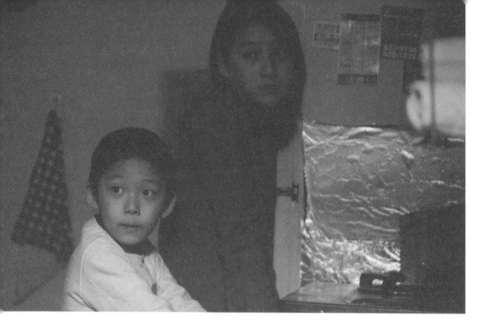

대한 암시로 작용한다는 점이다. 출입국관리소 직원들에게 비인간적인 대우를 받으며 끌려가는 아줌마의 모습은 가슴 아픈 일임이 틀림없지만, 추방된 아줌마보다 남겨진 남매들이 더 큰 위기에 처하게 될 것은 누구나 예상할 수 있다. 남매의 시점을 채택한 것은 아줌마에 대한 동정심을 끌어내는데는 다소 불리할지 모르지만, 이 사건을 목격하고 있는 아이들이 받은 충격과 불안감을 표현하는 데는 매우 효과적이었던 것으로 보인다.

영화 속에 묘사된 두 번째 이별은 용규라는 소년과의 관계에서 발생한다. 동네 불량배들과 어울려 다니며 본드와 환각제에 취해 살던 용규는 명희에게 호감을 느끼고 그녀에게 접근한다. 불량스럽지만 자기 남매에게만은 따뜻한 모습을 보여주는 용규에게 명희도 호감을 느낀다. 명호 역시 용규를 형처럼 따르면서 세 사람의 관계는 매우 긴밀해진다. 어린 동생 명호까지 감당해야 하는 명희의 입장에서는 마음을 열고 다가온 또래 친구의 존재가 무척이나 소중하다. 하지만 용규는 예전의 나쁜 습관을 끝내 버리지 못하고

이로 인해 명희와 용규는 자주 다투게 된다. 용규가 명희를 속여 얻어 낸 돈으로 환각제를 사는 것을 들키면서 명희와 용규는 크게 다투게 되고, 그로 인해 둘의 관계는 소원해지고 만다. 용규와 명희의 관계는 다른 어른들과의 관계와는 달랐다. 어른들과 명희의 관계가 일방적인 보호 관계였다면, 부모가 없는 명희와 가정적인 문제를 안고 있던 용호와의 관계는 서로를 필요로 하는 상호 보완적인 관계였다. 하지만 두 사람의 관계가 가지고 있는 가치를 인식하기에는 용규와 명희, 두 사람 모두 너무 어렸다. 또한, 인간적인 관계 속에서 필연적으로 발생하는 갈등을 중재하고 화해를 시도하기에도 두 사람은 너무 어렸다. 조력자가 없는 상황에서 미성숙한 두 나약한 존재가 맺은 관계는 파국이라는 예정된 결말을 향해 나아갈 수밖에 없었다.

가장 치명적인 이별은 명호의 죽음이다. 앞서 언급한 두 번의 이별이 치유할 수 있고, 대체 가능한 것이었다면 명호의 죽음은 남매에게 씻을 수 없는 상처를 안겨주게 된다. 명호는 명희가 병으로 누워 있는 동안 혼자 벌판에

버려진 냉장고에 들어갔다가 빠져나오지 못한 채 질식사한다. 이 비극적이 면서도 어처구니없는 사건은 이 남매가 처해 있는 위기가 얼마나 심각한 것 인지를 잘 대변해주고 있다. 이 사회에서 아무런 존재가치도 인정받지 못하고 있는 이들 남매는 어느 날 명호를 죽음으로 몰고 간 냉장고와 같은 치명적인 덫에 걸려 불행한 결말을 맞이하게 될 것이기 때문이다. 따라서 냉장고에 갇혀 죽은 명호의 사건은 명호에게만 닥친 우연하고 불행한 사고가 아니라 언젠가 명희에게도 필연적으로 닥쳐올 불행한 결말의 예고인 셈이다.

뻘밭을 걷는 아이

부모가 돌아오지 않을 것을 알아차린 명희는 생존을 위해 일을 구하러 다닌다. 절박한 처지에 놓인 소녀는 생면부지의 사람에게 "아저씨, 저 일 좀 시켜주시요. 고향에서 식모살이도 해 봤슴다. 아무거나 시키는 대로 하겠슴다" 라고 부탁하기도 하지만 명희의 부탁에 귀를 기울이는 사람은 없다. 명희와 명호에게는 생존이 걸린 문제지만, 어른들에게 아이들의 부탁은 농담거리일 뿐이다. 어쩔 수 없이 폐지라도 주워 보지만 생계를 해결하기에는 막막할 따름이고, 조선족 출신이기에 사회적인 도움을 받을 길도 막혀있다. 아직 어린 나이지만 두 아이는 이미 온몸이 푹푹 빠져드는 인생이란 진창에 깊이 발을 들여놓은 셈이다.

진흙탕 같은 삶을 살아가는 아이들에게 대합실에 떨어진 지갑은 거부할 수 없는 유혹이었다. 물론 잃어버린 지갑을 챙긴다는 것은 상식적인 상황이라면 비도덕적인 일이다. 하지만 명희와 명호처럼 그 나이에 누려야 마땅할

합당한 대우를 받지 못하고 살아가는 아이들에게 있어서 주인 잃은 지갑은 잔혹하기만 했던 세상이 모처럼 그들에게 허락한 선물과도 같은 것이었을 지도 모른다. 공교롭게도 이 영화 속에는 명희와 명호가 대합실에서 지갑을 줍는 장면이 여러 차례 반복된다. 유사한 사건이 이들에게만 반복적으로 일어나는 것이 개연성이 있는 일이지 의문이 생기기도 하지만, 잃어버린 지갑이 이 영화에서 꽤 중요한 의미가 있기에 개연성 문제는 논외로 하고 지갑의 의미에 대해서만 이야기하고자 한다.

영화에는 지갑을 줍는 장면이 세 번 묘사되고 있는
데, 이 중에서 가장 중요한 장면이 영화 중반부에서
남매가 빨간 지갑을 줍는 장면이다. 이 장면은 세
번의 지갑 장면 중에서 가장 길게 묘사되고 있는 장
면이면서 동시에 이야기 전개상 매우 중요한 의미
를 가진 장면이기도 하다. 명희와 명호가 떨어진 지
갑을 챙기려는 순간, 지갑 주인처럼 보이는 여인이
나타나 남매를 뒤쫓기 시작한다. 당황해서 도망치
려던 남매는 여인에게 붙들려 지갑을 내놓게 된다.
그런데 여기서 반전이 일어난다. 남매가 주운 지갑
이 여인의 지갑이 아니었다. 뜻하지 않은 행운으로
인해 남매는 적지 않은 돈을 얻게 된다. 그 돈이면
엄마가 돌아오실 때까지 견딜 수 있을 것이라는 기
대를 하며 남매는 소중하게 돈을 보관한다. 모처럼
삶이 이 남매에게 미소를 보내는 듯했지만, 이어지
는 명호의 죽음으로 인해 행운의 의미는 퇴색되어
버린다. 짧은 행운 뒤의 더 큰 상실! 삶은 끝내 이 남
매에게 잔인했다.

명호가 냉장고에서 죽어간 뒤, 감독은 명희가 애타
게 동생을 찾아 헤매는 모습이나 상실의 고통으로
울부짖는 모습을 보여주는 대신 그들 남매에게 친

근한 공간을 연속적으로 보여준다. 한때 남매가 함께 있던 그 공간은 텅 비어 있다. 그 화면 위로 명희의 가냘픈 신음소리가 더해지면서 명희가 겪는 정신적인 고통이 육체적인 고통을 통해 표현된다. 저 멀리 명호가 누워있을 냉장고가 보이지만, 그곳으로 달려가기에는 명희는 지금 너무 멀리 떨어져 있고, 너무 쇠약해져 있다. 명희의 신음소리가 이어지는 가운데 화면이 서서히 어두워졌다가 밝아지면 부둣가에 홀로 앉은 명희의 뒷모습이 보인다. 그녀는 지금 눈 앞에 펼쳐진 갯벌을 바라보고 있다. 그리고 알 수 없는 충동에 이끌려 갯벌로 들어선다. 명희는 갯벌을 건너가려 하지만 육체적으로나 정신적으로나 쇠약해질 대로 쇠약해진 그녀에게 그것은 너무나 어려운 목표다. 걸음을 뗄 힘이 없어지자 자기 팔로 자기 다리를 들어 옮기고, 그 힘마저 빠졌을 때는 기다시피 하며 앞으로 나아가지만 결국 그녀는 탈진해버린다. 걸음을 앞으로 옮기기 위해 안간힘을 쓰다가 탈진해버린 소녀가 온통 진흙투성이가 된 팔다리로 갯벌에 주저앉아 눈물을 흘리는 장면은 가련하다 못해 잔혹하다. 감독은 영화의 주제를 함축하고 있는 이 장면을 롱테이크로 촬영함으로써 등장인물뿐만 아니라 배우와 제작진이 느낀 심리적, 육체적 고통을 관객들에게 고스란히 전달시키고 있다.

명희가 갯벌을 가로지른 동기나 목표는 명확히 설명되지 않는다. 하지만 우리는 명희가 갯벌을 건너가는 행위를 멈출 수 없었던 이유만큼은 짐작할 수 있다. 허벅지까지 푹푹 빠지는 이 갯벌은 오랫동안 그녀의 육체와 정신을 짓눌러온 현실의 상징이다. 소녀의 가냘픈 팔다리에 엉겨 붙은 진흙은 외로움, 배고픔, 두려움, 배신감 등 어린 소녀가 이제까지 감당해야 했던 그 수많

은 감정과 가혹한 생의 조건들이다. 그렇기 때문에 명희는 도중에 이 횡단을 멈출 수 없었다. 가혹한 운명에 대한 분노와 이 진창과도 같은 인생을 극복하고야 말겠다는 생의 의지, 그리고 걸음을 멈추면 자신의 전 육체가 이 깊은 진흙 속으로 빠져들지도 모른다는 두려움이 뒤섞인 상태로 그녀는 계속 앞으로 나아간다. 하지만 사력을 다한 노력에도 불구하고 그녀는 갯벌을 건너지 못했다. 돌아갈 힘도, 앞으로 더 나아갈 힘도 남아 있지 않은 소녀는 이제 어떻게 해야 할까? 망연자실한 채 눈물을 흘리는 소녀를 남겨둔 채 화면은 서서히 어두워진다.

불완전한 화해와 불안한 미래

〈작별들〉이 다루고 있는 조선족 문제는 탈북자, 외국인 노동자 등과 더불어 최근 들어 한국 사회의 현안으로 떠오른 문제들이다. 상업영화에 비해 운신

의 폭이 자유로운 독립영화는 이런 문제들을 재빨리 영화적 소재로 받아들였다. 다소 거친 방식이기는 하지만 최근 한국 독립영화의 경향은 크게 성장영화와 사회파 영화, 두 부류로 구분된다. 관객들로부터 좋은 반응을 이끌어 낸 〈파수꾼〉이나 〈혜화, 동〉, 〈굿바이 보이〉 등이 성장영화를 대표하는 작품들이라면 〈무산일기〉나 〈풍산개〉 혹은 전규환 감독의 '타운 시리즈' 등은 사회성 짙은 소재를 적극적으로 끌어들인 독립영화들이다. 특히 〈무산일기〉와 전규환 감독의 〈댄스 타운〉은 탈북자의 문제를 다루고 있다는 점에서 조선족 남매의 삶을 다룬 〈작별들〉과 연관 지어 살펴볼 수 있는 작품이다.

조선족 문제를 소재로 선택하였다는 점에서 김백준 감독의 〈작별들〉은 사회파 영화로 분류할 수 있지만, 동시에 성장 영화적인 특성도 가지고 있다. 특히 영화의 마지막 장면이 그렇다. 명호를 떠나보내고 홀로 남은 명희는 대합실에서 떨어진 지갑을 사냥하며 살아가고 있다. 소녀가 대합실을 떠나지 못하는 것은 언제 돌아올지 알 수 없는 엄마를 기다리는 목적도 있겠지만, 주인 잃은 지갑을 주워 생계를 유지하려는 목적이 오히려 더 큰 것처럼 보인다. 그런 생각을 하게 되는 이유는 예전에 명희가 바라보던 곳은 승객들이 빠져나오는 출구였지만, 지금의 명희는 대합실의 빈 의자를 바라보고 있기 때문이다. 노련한 사냥꾼처럼 대합실을 뒤지고 다니던 명희의 눈에 주인 잃은 지갑 하나가 들어온다. 여러 번 반복한 일이지만 지갑을 줍는 순간은 여전히 긴장된다. 조심스레 지갑 옆으로 다가간 명희가 지갑을 챙겨 드는 순간 지갑 주인이 나타난다. 위기의 순간이지만 지금의 명희는 더 이상 예전의 그 명희가 아니다. 이제는 이런 추격전이 익숙하다는 듯 명희는 있는 힘껏 달리기 시작한다. 영화는 공항을 빠져나와 전력으로 질주하는 명희의 모습을 프리즈 프레임으로 보여주면서 끝을 맺는다. 아마도 명희는 붙잡히지 않을 것이다. 그녀의 길고 날렵한 다리는 무사히 그녀를 안전지대로 인도할 것이다. 질끈 동여맨 머리와 가벼운 운동화 또한 그녀의 탈출을 도울 것이다. 하지만 명희의 인생은 과연 달라진 것일까?

어쩌면 명희는 더 이상 예전처럼 배고픔을 두려워하지 않는지도 모른다. 설령 그것이 비도덕적인 행위라 할지라도 그녀는 외톨이로 남은 세상에서 살아갈 방도를 찾았기 때문이다. 명희처럼 사회적 약자를 소재로 한 영화들이 흔히 자살이나 대체 불가능한 상실이라는 결말로 마무리되는 것에 비하면, 어떤 식으로건 명희에게 살아갈 방도를 마련해 준 〈작별들〉의 결말은 훨씬 더 긍정적이라고 말할 수 있을 것이다. 하지만 명희가 찾아낸 생존방식은 불완전하고 불안하다. 명희의 성공적인 탈출을 보며 만족감이나 안도감을 느끼기보다는 쓸쓸함과 서글픔을 느끼게 되는 것도 그녀가 찾은 삶에 대한 화해의 방식이 불완전하고 기형적인 것이기 때문이다. 불완전한 화해 앞에는 불안한 미래가 도사리고 있다. 지금 당장은 아닐지 몰라도 언젠가 명희도 조선족 아줌마처럼 출입국관리소 직원들에게 붙들려 맨발로 이 땅에서 추방당할지 모른다. 또는 그녀의 엄마처럼 자신에게 가장 소중한 존재를 포기해야 하는 상황에 처하게 될지도 모를 일이다. 그녀는 지금 안전지대를 향해 달리고 있다. 하지만 엄마는 여전히 돌아오지 않았고, 명호는 영원히 다시 찾을 수 없다. 그녀는 아직 갯벌 한가운데 주저앉아 있는 것이다. 돌아가야 한다. 이 갯벌을 건널 수 없다면 떠나왔던 곳으로 돌아가야 한다. 하지만 안타깝게도 그녀에게는 이 갯벌을 통과하거나 뒤돌아 갈 의지와 힘이 부족해 보인다.

사회적인 문제에 대한 관심

〈작별들〉은 김백준 감독의 두 번째 장편영화다. 정성욱 감독과 공동 연출한 〈내 마음에 불꽃이 있어〉와 비교할 때, 영화의 전체적인 분위기는 매우 유사하다. 잔잔한 서사 전개방식이나 불필요한 기교를 삼가는 절제된 태도, 그리고 영화 전체를 지배하는 온화한 정서 등은 〈내 마음에 불꽃이 있어〉와 〈작별들〉에서 공통으로 발견되는 요소들이다. 이런 연속성을 유지하는 데 있어서 가장 중요한 것은 감독 자신의 창작 의도였겠지만, 전작의 공동연출자였으며 전작에 이어 이번 작품에서도 촬영을 맡았던 정성욱 촬영감독의

역할도 작지 않았을 것으로 짐작된다. 하지만 주제적인 측면에서 〈작별들〉
은 정성욱의 시나리오를 토대로 완성된 〈내 마음에 불꽃이 있어〉와 비교할
때, 김백준 감독의 색깔이 더 강하게 드러난 작품으로 보인다. 광주 민주화
운동을 소재로 한 단편영화 〈짧은 여행의 기록, 광주〉를 만들었다는 사실
에서도 짐작할 수 있듯이 김백준은 사회적인 문제에 대해 깊은 관심이 있는

감독이다. 그런 점에서 〈작별들〉은 김백준의 두 번째 장편영화이지만, 감독 자신의 영화 세계를 본격적으로 펼쳐 본 첫 작품이라고도 할 수 있다. 현실에서 유리된 영화들이 득세하고 있는 이 시기에 〈작별들〉처럼 현실의 문세를 환기시키는 진지한 영화를 만날 수 있다는 사실은 무척 다행스럽고 고마운 일이다.

격랑 속에서 포착한 삶의 미세한 파동들, ⟨그럼에도 불구하고⟩

김영조는 ⟨가족초상화⟩(2007), ⟨태백, 잉걸의 땅⟩(2008), ⟨목구멍의 가시⟩(2009), ⟨사냥⟩(2011), ⟨그럼에도 불구하고⟩(2017) 등 총 다섯 편의 장편 다큐멘터리를 완성한 부산을 대표하는 다큐멘터리 감독이다.

김영조 감독

기다림의 미학

아마도 2012년 무렵이었을 것이다. 김영조 감독으로부터 처음 영도影島에 관한 이야기를 들었다. 영도를 지키는 삼신할매 이야기, 잠수복을 입고 바다 밑에서 배를 수리하는 사람들의 이야기 등 어쩌면 꽤 상업성이 있는 다큐멘터리가 만들어질지도 모르겠다는 생각이 들 정도로 흥미진진한 이야기가 많았다. 제작비 마련을 위해 조만간 있을 지원 사업에 공모를 해보기로 하고 나름대로 이런저런 자료들도 함께 찾아보곤 했다.

하지만 지원 자격 미달로 서류 접수도 못 해본 채 계획을 접어야 했다. 지원 계획이 수포로 돌아간 후, 영도에 대한 나의 관심은 급격히 식어버렸다. 하지만 김영조 감독은 달랐다. 그는 조용히 그리고 꾸준히 영도 프로젝트를 진행했고, 마침내 3년 후 ⟨그럼에도 불구하고⟩를 완성했다. 생각해보면,

서류 접수도 못 하게 된 상황이나 도와주기로 했다가 무관심해진 주변 사람들에 대해 실망과 원망이 있었을 터인데, 그는 내색하지 않고 자신의 계획을 실천에 옮겼다. 완성된 영화를 보고 있노라니 긴 시간 동안 스태프 한두 명만 데리고 고군분투했을 감독의 모습이 떠올랐다.

김영조 감독은 기다림과 응시라는 다큐멘터리의 고전적 가치에 충실하고자 한다. 〈태백, 잉걸의 땅〉처럼 폐광 문제와 같은 정치적으로 뜨거운 소재를 다루는 영화에서도 감독은 섣불리 누구의 편에 서기보다는 가급적 자신의 존재를 드러내지 않은 채 탄광촌 사람들의 다양한 삶의 양상들을 조명하고자 한다. 이 영화에서 감독은 촬영 대상이 되는 인간과 공간, 그리고 사건들에 초점을 맞춘다. 쇠락한 탄광촌 사람들의 삶 깊숙이 파고들어 그들과 같이 느끼고, 그들과 같이 생각한 이후에, 다시 그들 바깥으로 빠져나와 그들의 삶을 재응시하는 카메라는 '나의 카메라 앞에 있는 세상을 어떻게 포착할 것인가'라는 본질적인 문제를 껴안고 고민하는 감독의 모습을 떠올리게 만든다. 그런 점에서 김영조의 다큐멘터리는 일련의 정치적 다큐멘터리와도 다르며, 관객의 감정을 조작할 의도를 가지고 있는 극영화적인 서사 기법에 의존하고 있는 〈워낭소리〉류의 다큐멘터리와도 다르다.

〈목구멍의 가시〉에서도 이런 경향이 드러난다. 한국 입국 후에 연락이 끊

어진 조선족 오촌아저씨의 행방을 찾아 나선 것이 결국에는 중국 여행으로까지 이어지게 되는 과정이나, 길림성에서 생면부지의 친척들을 처음 만났을 때 반가움과 어색함이 공존하는 기묘한 순간에 대한 묘사, 그리고 담소를 나누다가 제 흥에 겨워 찬송가에 맞춰 어깨춤을 추는 중년 여인의 모습 등은 김영조 감독의 영화에서 자주 발견할 수 있는 전형적인 장면이라고 할 수 있다. 감독은 때로는 떨림으로, 때로는 두려움으로 이 우연한 만남의 순간을 기다린다. 그리고 이 기다림 속에서 우리는 삶의 진실, 인간의 내면, 사회의 이면을 발견하게 된다.

김영조는 상황을 자신의 의도에 맞게 조정하기 보다는 수정된 목적지를 향해 발걸음을 옮기는 방식을 취하곤 한다. 현실 그 자체를 존중하고, 주어진 상황을 받아들이려는 감독의 태도 덕분에 그의 영화는 늘 우리의 상투적인 기대와 예상을 뛰어넘는 경이로운 순간들을 담아낼 수 있었을 뿐만 아니라, 이 경이로운 순간과 대면할 때 나타나는 내적 갈등과 심리적 고통 등을 전달한다.

귀를 기울이면…

〈그럼에도 불구하고〉에는 다양한 인물들이 등장한다. 점바치 골목을 지키는 배남식 할머니와 김순덕 할머니, 강아지와 소일하며 적적함을 달래는 임간난 할머니, 고령에도 불구하고 자맥질을 멈추지 않는 해녀 강해준 할머니, 그리고 김영조 감독과 영도 사람들 사이에 연결고리가 되어 주었던 조선소 용접공 권민기씨 등 영도의 땅과 바다를 삶의 터전으로 삼고 살아가는 다양한 사람들이 김영조 감독의 카메라 앞에 모습을 드러낸다.

직업도 다르고 분위기도 다른 만큼 그들의 사연도 다채롭다. 점치는 실력은 몰라도 입담만은 누구에게도 뒤지지 않을 배남식 할머니는 한국전쟁 중에 대구에서 이곳 부산의 점바치 골목까지 흘러들어왔다. 가족의 생사를 궁금해 하는 피난민들을 상대하며 청춘을 보낸 덕분에 배남식 할머니는 이제 상대가 누구이건 대화의 주도권을 놓치지 않는 노련함을 갖추고 있다. 그래서인지 그녀는 카메라 앞에서도 조금도 주눅 들지 않고 쨍쨍한 목소리로 온갖 이야기를 쏟아낸다. 문제는 할머니의 이야기 대부분이 샛길로 새나간다

는 점이다. 그래서 할머니의 대화법에 익숙해지기 전까지는 서로가 대화를 나누는 데 약간의 어려움이 뒤따른다. 하지만 배남식 할머니와의 대화는 강아지를 키우는 임간난 할머니와의 대화에 비하면 비교할 수 없을 정도로 쉬운 편이다. 임간난 할머니는 귀가 어두워서 상대의 말을 거의 알아듣지 못하기 때문이다. 동문서답을 일삼는 그녀와 조금이라도 이야기를 나누기 위해서는 한껏 목청을 높여야만 한다. 상당한 인내심을 가진 사람이 아니라면, 영화 초반부에 등장하는 형사들처럼 아예 이야기 나누는 것을 포기해버리는 것이 현명한 행동일 것이다. 그러고 보면 임간난 할머니가 강아지를 마치 손주라도 되는 것처럼 애지중지하는 이유가 짐작된다. 강아지와는 서로 목청을 높이지 않고도 무언의 소통이 가능하기 때문이 아닐까? 그런 할머니도 딸과의 대화는 언제나 즐겁다. 여전히 동문서답이 이어지지만, 딸도 어머니도 연신 웃음꽃을 피우며 대화를 이어 간다. 조금도 짜증스러운 기색 없이 어머니와 재미나게 이야기를 이어나가는 딸의 모습을 보고 있노라면,

대화에서 중요한 것은 내용이 아니라 상대를 이해하려는 마음이라는 뻔한 이야기가 새삼 떠오른다.

해녀 강해준 할머니는 등장인물 중 가장 의사소통이 어려운 인물이다. 어린 시절 귀앓이로 인해 청력을 잃어버린 강해준 할머니는 그 후유증으로 언어까지 잃어버렸기 때문이다. 그럼에도 불구하고, 그녀는 자기가 구사할 수 있는 몇 개의 단어들과 의성어에 가까운 소리, 그리고 몸짓과 표정으로 자신의 기구한 사연을 풀어 놓는다. 한국전쟁 때 폭격으로 부모와 형제를 잃은 이야기, 사랑하는 딸을 병으로 일찍 떠나보낸 이야기, 주정뱅이 남편 때문에 고초를 겪었던 제주도 시절의 이야기 등이 이어진다.

이들이 살아가는 모습이나 그들이 풀어놓는 각기 다른 사연들을 듣고 있노라면 삶이란 참으로 복잡 미묘한 것이라는 사실을 새삼 깨닫는다. 또한, 그런 슬픔과 고통과 불편함을 견디며 지금까지 살아온 이 평범한 인물들에 대해서도 다시 한번 생각해보게 된다. 그리고 이런 생각은 다시 이 범상한 인

물들로부터 범상치 않은 이야기를 끌어내기까지의 과정에 대한 생각으로 이어진다. 과연 이 사람들이 카메라 앞에서 자신들의 사연들을 털어놓기까지 얼마나 오랜 시간이 필요했던 것일까? 그리고 남들과의 소통에 익숙하지 않은 그들과의 대화법을 익히기까지는 어떤 노력이 필요했을까? 탁월한 입담을 가진 점바치 할머니는 논외로 치더라도, 귀가 안 들리는 강아지 할머니와 대화를 나누고 의사 표현이 어려운 해녀 할머니로부터 이야기를 끌어내는 만만치 않은 일을 김영조 감독이 아닌 다른 사람도 이만큼 잘 해낼 수 있었을지는 의문이다.

김영조 감독은 한 인터뷰에서 자신은 사람들에게 붙임성 있게 다가가는 것이 어려워서, 카메라 없이 친해지고 나서야 카메라를 든다고 말한 적이 있다. 그렇다면 〈그럼에도 불구하고〉는 낯가림이 심한 한 감독과 남에게 말하기 힘든 사연을 품고 평생을 살았던 사람들이 만나 서로에게 오래 귀를 기울이면서 만들어낸 영화인 셈이다. 이 영화에서 가장 가슴 찡한 장면 중 하

나는 해녀 할머니가 병에 걸린 자신의 딸이 끝내 죽어가던 순간의 기억을
떠올리는 장면이다. 이처럼 누군가가 오랜 시간 입 밖에 꺼내지 않았고, 꺼
낼 수도 없었던 이야기를 끌어내는 힘이 김영조 감독에게는 있다.

사람이 꽃보다 아름다워

개인적인 인연 덕분에 김영조 감독이 영화를 만들어 가는 과정을 좀 더 가
까이서 볼 수 있었다. 영화마다 소재나 주제는 달랐지만, 그가 영화를 만들
어가는 과정은 늘 비슷했다. 인상적이었던 것은 김영조 감독이 영화를 찍기
전에 고민하는 시간이 상당히 길다는 점이었다. 사전 인터뷰나 자료 조사를
하는 목적도 영화를 찍기 위해서가 아니라, 이런 이야기나 이런 인물을 영
화로 찍어도 괜찮은 것인지를 결정하기 위한 것처럼 보였다. 김영조 감독은
먼저 자기가 확신이 생길 때까지 충분히 시간을 들여 조사하고 고민한 뒤
에, 다시 사람들과 가까워질 때까지 오랜 시간을 투자한다. 그 뒤에야 그는

비로소 카메라를 든다. 출발부터 완성까지 몇 년의 시간이 걸린 〈그럼에도 불구하고〉도 마찬가지 과정을 거쳤다.

자극적인 소재와 화려한 테크닉이 돋보이는 요즘 다큐멘터리와 비교하면, 김영조 감독의 방법은 지나치게 신중하고 지나치게 조심스러워 보이기도 한다. 〈그럼에도 불구하고〉에서도 이런 태도는 변함이 없다. 이 영화는 영도 재개발로 인해 삶의 터전을 잃어버리는 사람들의 모습을 담고 있다. 젠트리피케이션 gentrification 현상이 최근 심각한 사회문제로 부각되고 있다는 점을 감안할 때, 〈그럼에도 불구하고〉는 지금과는 다른 영화, 즉 원도심 재개발 과정에서 나타나는 문제점을 고발하는 꽤 폭발력 있는 사회적 다큐멘터리가 될 수도 있었을 것이다. 하지만 김영조 감독은 이 영화를 그런 방향으로 끌고 가지 않는다. 그렇다고 해서 이 영화가 재개발로 인해 발생하는 부작용 등을 외면하거나 무심하게 대한다는 이야기는 아니다. 다만 김영조 감독은 강력한 사회적 이슈가 부각되면서 삶의 미세한 파동과 인간의 섬세한 감성들이 묻혀버리는 것을 원치 않았다. 부산시장이 등장하는 장면에서도 이런 사실을 확인할 수 있다. 재개발 현장에 시장이 등장하고 재개발에 반대하는 주민들이 시장 곁으로 다가가면서 긴장이 고조된다. 하지만 김영조 감독은 이 긴장을 더 연장하거나 고조시키지 않는다. 분명히 감독의 외장 하드 속에는 더 자극적이거나 더 공격적인 장면들이 담겨 있을 것이다. 하지만 김영조 감독은 상황을 이해시킬 수 있는 최소한의 장면들만을 남겨 놓은 채 마무리한다. 부산시장에 대해서도 감독은 관객들이 이 인물을 판단할 수 있게 하려고 자신의 판단을 보류시킨다. 관객은 짧은 시간 부산시장이 보여준 희미한 미소와 그가 할머니에게 건네는 말과 행동을 통해서 자신이 받은 인상을 결정하게 된다.

사실 자신이 설정한 목표를 향해 뒤돌아보지 않고 달려가는 것은 김영조 감독의 스타일이 아니다. 그가 지금까지 발표한 다른 영화들을 살펴보더라도 김영조 감독은 카메라 뒤에 있는 자신의 존재보다는 카메라 앞에 있는 사람들을 더 배려하는 것이 옳다고 생각한다는 사실을 알 수 있다. 그 덕분에 김영조 감독의 영화 속에는 상처받는 인물이 없다. 〈그럼에도 불구하고〉에 등장하는 수많은 인물들 중 누구도 이 영화를 위해 혹은 감독의 예술적 목표나 야심을 위해 희생되거나 소모되었다는 느낌을 주지 않는다. 예를 들어 점바치 골목이 사라진 뒤 배정남 할머니가 길가에서 점을 보는 마지막 장면의 경우, 대부분의 감독은 좀 더 자극적인 연출방법을 선택했을 가능성이 높다. 하지만 김영조 감독은 흔한 클로즈업도 사용하지 않았다. 오히려 정반대로 그의 카메라는 롱숏에서 시작해서 더 뒤로 물러나서 인물을 바라본다. 용접공 권민기씨가 색소폰을 부는 장면도 인상적이다. 조선소에서 일하던 그의 꿈은 배 위에서 색소폰을 부는 것이었다. 하지만 그가 색소폰을 열심히 배우는 동안 조선소는 문을 닫고 만다. 일자리를 잃은 그는 이제 환경미화원으로 일하고 있다. 김영조 감독은 영도의 풍경과 그곳에 살고 있는 사람들의 모습 위에 권민기씨의 색소폰 선율을 포개 놓았다. 그 사람들 속에는 빗자루를 들고 쓰레기를 치우는 권민기씨의 모습이 보인다. 이어지는 장면에서 권민기씨는 녹슨 배 위에서 색소폰을 불고 있다. 카메라를 바라보며 쑥스러운 웃음을 짓고 난 뒤 "자, 이번에는 한 번에 끝내자"라고 말하는 권민기씨의 모습에서 이 장면이 연출된 장면임을 쉽게 알 수 있다. 이 장면은 매우 이상한 장면이다. 왜냐하면, 김영조 감독의 원칙은 상황을 인위적으로 만드는 것이 아니라 끈질기게 기다리는 것이기 때문이다. 그렇다면 그는 굳이 왜 자신의 원칙을 깨면서까지 이 장면을 연출한 것일까? 그리고 왜 이 장면을 영화가 정서적으로 가장 고조된 순간에 삽입한 것일까? 아마도 그 답은 김영조 감독이 자신의 창작 원칙보다 더 중요하게 생각하고 있는 것, 즉 사람에게서 찾아야 옳을 것이다. 다시 되짚어보면, 이 장면은 조선소가 문을 닫고, 권민기씨가 환경미화원으로 일하고 있는 모습 이후에 등장한다. 일터가 문을 닫으면서 배 위에서 색소폰을 불어보겠다는 소박한 꿈도 수포가 되어 버린 순간에, 생계를 이어나가기 위해 어떤 일이건 해야 하는 절박한 순간에 김영조 감독은 그 사람이 가장 아름답게 보일 수 있는 장면을 연출해 낸 것이다. 색소폰을 들고 웃고 있는 권민기씨는 더 이상 쓸쓸해 보이지 않는다. 이처럼 김영조 감독은 감독 자신이 아니라 영화 속 인물이 가장 빛나는 순간을 포착하고, 그 인물이 가장 하고 싶었던 말에 귀를 기울인다.

덧붙이자면, 김영조가 포착하고 싶은 아름다움은 시각적으로 확인되는 조형적 아름다움과는 거리가 멀다. 언젠가 전문 촬영감독과 함께 작업해보는 것이 어떻겠냐는 제안에 대해 김영조 감독은 특유의 완곡한 표현으로 거부 의사를 밝힌 적이 있다. 이후, 나는 그 제안이 잘못된 것이었음을 깨달았다. 김영조 감독의 영화에서 아름다운 것은 이미지가 아니었다. 그의 영화에서 돋보이는 것은 감독이 아니었다. 그의 영화에서 가장 아름다운 요소, 가장 돋보이는 존재는 그의 영화 속 인물들이었다. 그런 점에서 〈**그럼에도 불구하고**〉는 김영조의 영화다.

그리고 삶은 계속된다

1934년 영도대교가 개통되면서 육지와 연결되었지만, 영도는 여전히 섬처럼 남아 있다. 부산의 다른 지역들과 비교하면 풍경도 사뭇 다르다. 그래서인지 영도는 부산을 소재로 한 영화들 속에 자주 등장한다. 해안가에 늘어선 거대한 크레인, 선적을 기다리는 컨테이너 박스들, 항구에 정박해 있는 어마어마한 규모의 선박들, 그리고 주변 산등성이에 오밀조밀 들어서 있는 작고 낡은 집들은 누구라도 카메라를 들이대고 싶은 마음을 불러일으키는 풍경임이 분명하다. 하지만 그 많은 영화 속에서 영도는 늘 배경에 불과했다.

영도의 풍경과 영도 사람들을 일회적으로 소모해버리는 영화들과는 달리

〈그럼에도 불구하고〉는 영도가 가진 역사성과 장소성을 환기시키는 작품이다. 세월을 비껴간 듯 보이는 그곳 사람들의 삶은 도시 속의 섬으로 존재해 왔던 영도의 장소성을 반영하고 있으며, 온통 주름으로 뒤덮여 있는 사람들의 손과 얼굴에는 영도라는 공간이 겪어 왔던 흥망성쇠의 역사가 새겨져 있다.

영도는 일제강점기에는 수탈의 현장이었고, 한국전쟁 당시에는 수많은 피난민의 애환이 서린 장소였다. 도시 개발에서 밀려나면서 한동안 소외되었던 영도에 활기를 불어넣은 것은 영도다리가 47년 만에 재개통된다는 소식이었다. 영도 사람이라면 누구나 영도다리의 재개통이 공동화되어가던 공간을 되살려줄 기회가 될 것이라고 기대했다. 〈그럼에도 불구하고〉의 마지막 부분에는 영도대교의 성공적 개통을 기원하며 제를 올리는 점바치 배남식 할머니의 모습이 담겨 있다. 정성껏 치성을 드리는 할머니의 모습에는 당시 영도 사람 대부분의 마음이 투영되어 있다. 하지만 현실은 기대와는 달랐다. 장밋빛 미래에 대한 약속은 물거품처럼 사라져버렸다. 그럼에도 불구하고 누구도 이런 현실에 대해 책임지지 않는다.

좀 더 나은 삶의 환경을 기대했던 배남식 할머니의 가게는 재개발이 진행되면서 허물어진다. 이제 할머니는 예전에 자신의 가게가 있었던 곳에서 좌판을 깔고 점을 보고 있다. 결과적으로 할머니는 자신의 보금자리를 허물어버리려는 계획을 세우고 있는 자들을 위해 제를 올렸던 셈이다. 다른 사람의 미래를 알려준다는 사람이 정작 자신의 미래는 제대로 예견하지 못했다는 사실은 아이러니하다. 하긴 할머니가 대단한 신통력을 가진 사람이 아니라는 사실은 영화를 본 관객이라면 이미 다 알고 있는 사실이다. 그녀 역시 평범한 인간에 불과했기에, 다른 평범한 사람들이 겪는 고통 속으로 내몰릴 수밖에 없었다. 또한, 지금 당장은 아닐지라도 강아지 할머니의 집터도, 해녀 강해준 할머니의 일터도 배남식 할머니의 가게처럼 곧 개발이라는 미명하에 허물어져 갈 것이다.

거리로 내몰린 배남식 할머니가 무슨 생각을 하고 있을지 알 수는 없다. 분명한 것은 그럼에도 불구하고 할머니는 계속 그 자리를 지키고 있다는 사실이다. 임간난 할머니나 강해준 할머니, 용접공 권민기씨도 그럴 것이다. 그들이 일하고 살아갈 자리는 점점 줄어들고 허물어질 것이다. 그럼에도 불구하고 그들 역시 배남식 할머니처럼 그들의 자리를 지킬 것이며, 그들의 삶을 살아갈 것이다. 그동안 숱한 질곡의 순간에도 '지지고 볶으면서' 살아왔던 그들이기에, 앞으로도 그들은 한결같이 자신들의 인생을 살아갈 것이다. 결국, 김영조가 보여주고 싶었던 것은 변방으로 내몰린 인생의 남루함이 아니라, 넘어져도 툭툭 털고 일어나서 일상을 이어가는 영도 사람들의 강인함이었다.

할매들, 영화를찍다, 〈할매〉연작

김지곤 감독

공터에 덩그러니 놓여있는 냉장고의 이미지로 〈할매〉(2011)는 시작된다. 약 2분 정도 되는 롱테이크로 촬영된 이 프롤로그는 〈할매〉가 김지곤의 영화임을 알리는 인장과도 같다. 영화 타이틀이 올라간 뒤에도 김지곤 특유의 쇼트들이 잇달아 등장한다. 벽에 뚫린 구멍 사이로 보이는 부산의 전경, 연두색 벽과 대조되는 녹슨 방범창, 사람들의 발길에 페인트가 군데군데 벗겨진 하늘색 계단 등은 감독의 전작들을 눈여겨 본 사람이라면 쉽게 알아차릴 수 있는 전형적인 장면들이다. 하지만 영화의 주인공인 하말필 할매가 등장하면서 김지곤의 스타일에 균열이 일어나기 시작한다.

공간의 영화에서 사람에 대한 영화로

〈낯선 꿈들〉, 〈오후 3시〉 등 김지곤의 전작은 공간을 기록하는 영화였다. 김지곤이 산복도로에 사는 할매들을 촬영한 영화를 완성했다고 했을 때, 많은 사람은 이 영화 역시 사라져가는 공간에 대한 영화일 것이라고 짐작했다. 사실 영화의 도입부는 그런 예상에서 크게 벗어나지 않았다. 하지만 약 8분 정도가 지난 시점부터 영화의 분위기가 갑자기 바뀐다. 강한 경상도 억양의 할매 한 분이 카메라 앞에서 이야기하고 있다. 그런데 인터뷰를 하기에는 주변이 너무 시끄럽다. 막걸리를 한 잔 걸친 동네 할매들이 흥에 겨워 촬영현장 바로 옆에서 노래를 부르고 있었다. 그러고 보니 인터뷰 대상인 하말필 할머니도 막걸리를 한 잔 걸친 것 같다. 아주 빠르고 억센 억양으로 이야기를 쏟아내는데 그 내용이 중구난방이다. 주름살 가득한 얼굴과 거침없는 말투에서 이 분의 인생이 만만치 않았음을 짐작할 수 있다. 다큐멘터리의 주인공으로는 안성맞춤인 인물임이 분명하지만 이 수다스런 할매가 과연 정적인 김지곤의 영화 속 주인공으로는 어떨지 의문이 생긴다.

〈할매〉의 연출 의도는 명확하다. 산복도로 르네상스라는 이름으로 시행되는 재개발 사업으로 인해 삶의 터전을 잃게 된 주민들의 모습을 담아내는 것이다. 재개발을 강행하려는 자들과 떠나지 않으려는 자들 사이의 갈등과 대립이라는 극적 요소를 김지곤 특유의 정적이고 차분한 스타일로 담아낸다면 꽤 괜찮은 한 편의 영화가 만들어질 수 있을 것 같다. 게다가 영화의 무대는 누구나 카메라를 들이대고 싶은 충동을 느끼게 만드는 산복도로다. 어쩌면 기획단계에서 제작진은 이미 완성된 영화를 머릿속에 그리고 있었을지도 모른다. 문제는 할매들이었다. 할매들은 감독의 의도 따위는 전혀 개의치 않았기 때문이었다. 할매들은 촬영 중인 스탭에게 거리낌 없이 말을 거는가 하면 그들에게 술을 건네고 화면 안으로 끌어들이기까지 한다. 그러다 보니 〈할매〉는 애초의 기획 의도를 지키려는 촬영팀과 영화보다는 막걸리 한 잔에 더 관심이 많은 할매들 사이의 힘겨루기 같은 영화가 되었다. 빈

할
매 Grandma

2011. 김지곤 감독 작품 조연출 오민욱 손호묵 편집 이승민 박미지 손호묵 촬영 김지곤 오민욱 이용규
A Film by Kim Jigon Assistant Director Oh Minwook Son Homok Editing Lee Seungmin Park Miji Son Homok Camera Kim Jigon Oh Minwook Lee YongGyu

곳을 포착하는 롱테이크 화면, 현장음을 최대한 살린 사운드, 검은 무지 화면에 쓰인 자막 등은 진지함을 유지하려는 촬영팀의 의도가 드러나는 요소들이다. 유효적절한 답변을 얻어내기 위해 이런저런 질문을 던져보기도 한다. 물론 수확이 전혀 없었던 것은 아니다. 당시 대통령이었던 이명박에 대한 신랄한 비난, 천안함 사태에 대한 걱정과 염려 등이 이어진다. 그리고 결정적인 이야기, 즉 재개발정책에 대한 불만도 털어놓는다. "추운데 우리 할마이들은 어디로 가라고…" 혹은 "공원을 만든다는데 꽃이 중요하나 사람이 중요하나?" 같은 촬영팀이 가장 기다리던 대사를 내놓기도 한다. 하지만 이야기는 길게 이어지지 않는다. 할매들은 계속 흐름을 끊어놓는다. 할매들이 가장 많이 하는 이야기는 밥 먹으라는 소리다. 가끔은 심심할 테니 화투를 치라고도 권한다. 할매들과 친해져야 하는 촬영팀으로서는 계속 거절하

기도 어려웠을 것이다. 마지못해 할매가 주는 라면을 먹고 막걸리를 마시고 화투를 치다 보니 영화가 이상한 방향으로 흘러가고 만다. 촬영팀과 할매들의 힘겨루기에서 결국 할매들이 이긴 것이다.

사실 처음 '할매'라는 이 영화의 제목을 들었을 때, 김지곤의 영화 제목으로는 잘 어울리지 않는다는 느낌이 들었다. 하지만 영화 중반부에 이르러 할매들이 영화를 장악하는 모습을 보다 보면 이보다 더 적절한 제목은 없었을 것이라는 생각이 든다. 할매들은 영화를 잘 모르고 영화에 별 관심도 없다. 하지만 자기 동네에 와서 고생하는 청년들에게는 관심이 많다. 할매들에게 촬영팀은 손주나 다름없다. 손주들 배고플까, 손주들 심심할까 걱정하는 할매 때문에 김지곤을 비롯한 스탭들은 수제비를 먹고, 떡을 먹고, 삼겹살을 먹고, 막걸리를 마시고, 소주를 마신다. 이즈음에서 〈할매〉는 공간에 대한 영화에서 사람에 대한 영화로 전환된다.

5년 동안의 인연을 마무리하다, 〈할매-서랍〉

〈할매〉 연작은 이후 〈할매-시멘트정원〉(2012), 〈월간 할매〉를 거쳐 〈할매-서랍〉(2015)로 마무리된다. 산복도로 개발 사업의 문제점을 짚어보고자 했던 애초의 기획은 시리즈가 진행되는 동안 말필 할매와 금연 할매에 관한 이야기로 전환된다. 〈할매-서랍〉은 연작의 마지막 작품으로 지난 5년의 작업과정을 되짚어보는 의미를 담고 있다.

연작의 배경이 된 산복도로 마을의 전경을 담은 장면이 잠시 보인 뒤 김지곤이 카메라를 들고 성큼성큼 걸어간다. 초인종을 누르자 말필 할매가 문을

연다. 이미 금연 할매도 그곳에 와 있다. 할매들은 이미 소주 한 병을 마신 상태다. 특유의 욕지거리를 섞어가며 반갑게 김지곤을 맞이한 할매들은 이내 요즘 뭘 하고 사는지를 털어놓는다. 감독 역시 너스레를 떨며 할매들의 이야기에 맞장구를 친다.

할매들은 더 이상 산복도로에 살지 않는다. 다행히도 할매들은 여전히 유쾌하다. 새로 이사 온 집에도 잘 적응한 것처럼 보인다. 감독도 이런 상황에 매우 익숙한 듯 보인다. 이 대화 시퀀스는 〈**할매-서랍**〉에서 매우 중요한 역할을 담당하고 있다. 도입부 외에도 영화가 진행되는 동안 계속해서 등장하는 이 대화 장면은 짧은 에피소드로 구성된 이 영화의 목적지를 알려주는 안내자 역할을 담당하고 있다. 또한, 각각의 에피소드가 독립성을 유지하면서도 〈**할매-서랍**〉이라는 단일한 작품의 자장 안에 머물게 하는 연결체로 기능하고 있다. 그런데 이처럼 중요한 장면을 김지곤은 그다지 신경 써서 촬영하지 않았다. 카메라는

방바닥에 무심하게 내려놓은 상태이며, 화각은 두 할매의 모습만 겨우 잡을 정도로 좁다. 세 사람은 계속 대화를 나누지만, 감독의 모습은 겨우 무릎 정도만 볼 수 있다. 적어도 이 장면만 보면 감독은 촬영에 그다지 신경을 쓰지 않는 것처럼 보인다. 오히려 이제는 카메라에 익숙해진 할매들이 카메라를 응시하며 이런저런 퍼포먼스를 펼친다. 두서없이 이어지는 대화, 구도 따위는 신경 쓰지 않은 화면, 상징성도 정치적 함의도 없는 일상의 공간 등으로 이루어진 〈할매-서랍〉의 이 장면은 잘 계산되어 단정하면서도 엄격한 형식미를 느끼게 했던 〈할매〉의 첫 장면과는 상당히 대조적이다.

두 영화의 마지막 장면도 대조적이다. 〈할매〉는 넘어진 냉장고의 이미지를 보여준 뒤 산복도로 르네상스 프로젝트를 소개하는 신문 기사로 마무리된다. 검은 무지 화면 위에 구청에 전화를 걸어 화장실 보수를 요구하는 목소리가 겹쳐진다. 아마도 감독은 1,300억 원에 달하는 예산이 투입된 재개발 프로젝트가 지역 주민들에게 도움이 되는 일인지를 되묻고 싶었던 것 같다. 반면 〈할매-서랍〉은 옥탑방 마당에서 할머니의 가족과 촬영팀이 함께 고기를 구워 먹는 장면으로 끝이 난다.

〈할매〉의 마지막 장면이 그래도 이 영화가 공공성을 놓치지 않으려는 태도였다면, 〈할매-서랍〉의 마지막 장면은 이 영화가 아니 이 프로젝트가 사람들 사이의 관계에 관한 것임을 인정하는 모습을 보여주고 있다. 이제 산복도로는 별로 중요하지 않다. 좋은 영화를 만들어야 한다는 생각도 사라졌다. 중요한 건 할매들이며 이들과의 관계다. 오히려 할매들이 이 사실을 더 잘 알고 있다. 감독이 공터만 남은 산복도로를 다시 찾은 장면에 이어진 자막이 이것을 말해준다.

"예전 동네에 갔다가 금연 할머니 댁에 들렀다. 할머니는 무슨 미련이 남아서 거기를 다녀오느냐며 콩나물밥 했으니 같이 먹자고 하셨다"

상식적으로는 옛날 동네에 미련이 남을 사람은 할매들이다. 그런데 할매는 아무 일도 없었다는 듯이 또 밥을 먹자고 한다. 이 장면을 보면서 어쩌면 이 영화의 진짜 연출자는 할매들인지도 모른다는 생각이 들었다.

뒤섞인 시간과 새로운 감정

〈할매-서랍〉은 오래된 사진첩이나 일기장을 다시 정리하는 것 같은 형식으로 만들어졌다. 일종의 플래시백처럼 구성된 탓에 전작에 등장했던 장면들이 상당히 많이 삽입되어 있다. 새로운 방식으로 재편집된 익숙한 이미지는 전작에서 보았을 때와는 완전히 다른 느낌으로 다가온다. 그런 의미에서 이 영화의 정서에 온전히 공감하기 위해서는 연작 모두를 볼 필요가 있다.

과거의 이미지들이 잇달아 등장하면서 시간은 뒤섞이고 감정도 뒤섞인다. 전작에 등장했던 공간과 사물이 다시 등장할 때, 우리는 그것이 이제는 사라지고 버려졌음을 알고 있다. 〈할매-서랍〉에 등장하는 냉장고와 계단과 꽃은 우리가 처음 보았던 그 냉장고, 그 계단, 그 꽃이 아니다. 이 공간과 사물 속에는 현재와 과거가 공존하고 있으며, 이 뒤섞인 시간은 이전에는 없었던 새로운 의미, 새로운 감정을 만들어낸다.

사람들도 마찬가지다. 〈할매-서랍〉을 통해 다시 만나는 말필 할매와 금연 할매는 이 시리즈의 처음에 등장했던 그 사람들이 아니다. 시리즈가 시작될 무렵 할매들은 김지곤의 카메라에 포착된 인물이었다. 그때 우리는 그들을 거리를 두고 지켜볼 수 있었다. 〈할매-서랍〉에서 다시 만난 할매들은 더 이상 카메라의 피사체가 아니라 관계와 의미를 창조하는 존재였다. 이제 우리는 할매들을 바라보는 것이 아니라 할매들이 창조한 세계 속에서 함께 살아가게 된다.

감독도 이런 느낌을 감추지 않는다. 〈할매-서랍〉에서 말필 할매와 금연 할매는 더 이상 사회적 약자, 삶의 터전에서 떠밀린 사람으로 묘사되지 않는다. 그들은 감독이 사랑하는 사람이자 감독을 사랑하는 사람이었다. 자연스럽게 공간의 의미도 바뀐다. 산복도로의 옛 동네는 재개발의 발톱이 할퀴고 간 장소기 아니라 할매들과 감독이 추억을 공유했던 공간으로 바뀌었다. 공적인 공간에서 사적인 공간으로의 전환인 셈이다.

가족의 탄생

5년이라는 시간은 많은 것을 바꾸어놓았다. 할매들이 살던 동네는 사라졌고 할매들은 새 집으로 이사를 했다. 영화를 찍던 팀원들의 상황도 바뀌었다. 누군가는 다른 곳에 취직을 했다. 북적거렸던 촬영현장은 조용해졌다. 또 달라진 것이 있다. 할매들과 제작진의 관계다. 〈할매-서랍〉의 도입부에서 말필 할매의 집을 방문한 김지곤은 자신을 '손주'라고 말한다. 할매도 김지곤을 비롯한 제작진을 '손주'라고 부른다. 그런 표현이 어색하지 않을 만큼 할매들과 제작진이 나누는 대화는 자연스럽다. 손주는 할매가 약장사에게 속아 넘어가지는 않았는지 걱정하고, 할매는 손주가 걱정할 필요가 없을 정도로 정신이 또렷하다는 사실을 강조한다. 소주 심부름을 시키는 모습도 둘 사이에는 꽤나 익숙한 모습처럼 보인다. 할매들과 제작진은 촬영자와 피촬영자의 관계를 넘어 새로운 가족이 된 것이다. 이를 증명하듯 할매 손녀의 졸업식 장면이 이어진다. 기념사진을 찍고 같이 밥을 먹고 감춰 둔 비밀을 폭로하는 모습은 평범한 가족끼리의 식사장면과 다를 바 없다. 사회적 문제를 다룬 다큐멘터리였던 〈할매〉는 이제 의사疑似 가족 다큐멘터리로 변해버렸다.

물론 김지곤이 산복도로를 완전히 잊은 것은 아니다. 감독은 혼자서 그곳을 다시 찾아간다. 앞서 말했듯이 그곳은 이제 공터가 되었다. 공터만 남은 산복도로를 다시 찾은 장면은 거친 핸드헬드 카메라로 촬영되었다. 예전의 김지곤이었다면 고정된 카메라로 오랫동안 빈 공간을 촬영했을 것이다. 배경음악은 전혀 쓰지 않았거나 쓸쓸하면서도 단정한 음악이 깔렸을 것 같은 장면이다. 하지만 감독은 그렇게 찍지 않았다. 할매와의 대화 장면과 공터 장면이 교차하는 〈할매-서랍〉의 후반부는 감독이 스스로에게 던지는 질문과도 같다. "할머니는 누구이고, 이곳은 어디인가?" "우리는 왜 영화를 시작했고 지금 어디에 와 있는가?"

이제 영화를 마무리해야할 때가 되었다. 5년 전 이 기나긴 이야기가 시작되었던 공간을 김지곤은 드론으로 촬영했다. 그동안 김지곤의 영화에서는 볼 수 없었던 장면이다. 아마도 길었던 시간을 넓은 화면으로나마 조망하고 싶었던 것 같다. 다음은 할매들의 이야기를 마무리할 차례다. 감독은 다시 금연 할매의 집을 찾았다. 달라진 것은 별로 없다. 그저 이사한 뒤 제대로 작동되지 않던 TV가 바뀌었을 뿐이다. 이제는 말필할매 차례. 할매는 등장하지 않는다. 대신 할매의 가족들이 등장한다. 고기 파티를 열려고 다들 분주하다. 어둠이 내리면서 사람들의 모습도 잘 보이지 않는다. 하지만 누구도 카메라에 신경 쓰지 않는다. 파티 준비에 한창인 사람들을 남겨두고 영화는 끝이 난다. 산복도로 재개발의 문제점을 지적하며 야심차게 시작했던 영화가 이렇게 평범하고 일상적인 장면으로 마무리되었지만 감독은 크게 개의치 않는다. 〈할매〉연작을 계속 따라왔던 관객이라면 그 역시 이런 마무리에 이의를 제기하지 않을 것이다. 영화가 끝나는 것이 아쉬운 사람이 있다면 아마 할매들일 것이다. 할매들은 아무렇게나 내려놓은 카메라가 넘어질까 걱정하고, 감독에게 사진(영화)찍으러 가자고 먼저 말하기도 한다. 아예 카메라를 바라보며 노래를 부르기까지 한다. 왜 할매들은 이렇게 영화에 관심이 많아진 것일까? 영화 중간에 할매는 손주들과 같이 먹고 노래하는 꿈을 꾸었다고 말한다. 하지만 그것은 꿈이 아니라 실제로 있었던 일이다. 할매가 이런 이야기를 한 것은 기억력이 나빠져서가 아니라 할매에게는 그때가 꿈처럼 행복한 순간이었기 때문일 것이다. 어쩌면 할매들은 혹시 영화가 끝나면 손주들이 더 이상 자기를 찾아오지 않을까 걱정하고 있었을지도 모른다. 이 영화가 영원히 끝나지 않기를 바랐기에 할매들은 스스로 연출자 겸 배우가 되어 카메라 앞에서 노래를 하고 이야기를 쏟아냈던 것은 아닐까?

〈할매-서랍〉은 2016년 11월에 열린 부산독립영화제에서 개막작으로 상영되었다. 그리고 그해 12월 30일 하말필 할머니는 세상을 떠났다. 할매는 이렇게 자신의 이야기를 마무리했다.

우리는 다시 시작한다, 〈밀양아리랑〉

박배일은 뜨겁다. 평상시에도 그의 목소리와 몸짓에는 열기가 느껴진다. 그의 카메라도 뜨겁다. 촛불광장으로, 영도로, 밀양으로, 소성리로 이슈가 있는 곳이면 어디든지 그의 카메라가 달려간다. 당연히 박배일의 영화도 뜨겁다. 그의 영화 속 인물들은 온 몸을 던져 싸운다. 박배일의 영화 속에는 그들의 분노와 절규가 생생하게 담겨있다.

박배일 감독

산을 오르다

영화가 시작되면 어두운 산길을 오르는 사람들의 모습이 보인다. 마치 몰래 국경을 넘는 사람들처럼 한 치 앞도 분간하기 힘들어 보이는 어둠 속에서 사람들은 숨을 헐떡이며 산을 오른다. 이들의 몸짓이 더욱 힘들어 보이는 것은 이들이 선택한 길이 평탄한 등산로가 아니기 때문이다.

〈밀양 아리랑〉(2015)은 마을을 가로지르는 고압 송전탑 건설을 막기 위해 매일 새벽 산을 오르며 싸워 온 밀양 주민들의 이야기를 담고 있다. 송전탑은 신고리 핵발전소에서 생산된 전기를 수도권으로 보내기 위해 필요한 시설이다. 문제는 이 송전탑으로 인해 밀양 주민의 삶이 황폐화된다는

사실이다. 누군가는 오랜 기간 뿌리내리고 살아왔던 땅을 내놓아야 하고, 누군가는 강한 전자파가 흐르는 송전탑 밑에서 살아야 한다. 공사기간 동안 발생하는 소음 등도 지역 주민들을 괴롭히는 요인이다. 밀양 주민의 거센 반대에도 불구하고 한전과 정부는 공사를 강행한다. 장기간 대치가 지속되면서 농사밖에 몰랐던 주민들은 조직적인 대응을 시작했고, 이에 맞서 정부의 대응도 점점 더 강경해진다. 대규모 경찰 병력이 동원되어 주민이 공사현장으로 접근하지 못하도록 통제하는가하면, 시위대를 무력으로 진압하는 일도 빈번하게 벌어진다.

밀양 송전탑 사태는 2007년 정부가 765kv의 송전선로 건설 사업을 승인하면서 본격화되었다. 2008년 밀양 주민들은 송전선로 사업 백지화를 요구하며 첫 시위를 벌였다. 긴 싸움이 시작된 것이다. 나랏일에 반대해 본 적이 없었던 농민들에게 이후 시위는 일상이 되었다. 매일 농작물을 돌보던 것처럼 그들은 산을 오르고 시위를 한다. 송전탑 반대 투쟁이 일상이 되었다는 사실은 마을 곳곳에 걸린 현수막이나 농민들이 입고 있는 셔츠에 새겨진 765kv out이라는 문구로 확인된다. 하긴 고개를 들면 산중턱에 우뚝 솟아 있는 거대한 철탑이 보이고 고개를 돌리면 자신들을 겹겹이 감싸고 있는 경

찰의 무리가 보이니 농민들로서는 마치 부적처럼 765kv out이라는 구호가
새겨진 옷이나 현수막을 앞세워 스스로를 보호할 수밖에 없었을 것이다.

〈밀양 아리랑〉은 시간의 경과를 알리는 자막이 삽입되어 있지 않은데, 이것
역시 송전탑 반대 투쟁이 이미 농민들에게는 일상이 되어 있음을 말해준다
고 할 수 있다. 이미 수년간 동일한 상황이 되풀이되고 있는데 군이 날짜와
시간을 구별한다는 것이 큰 의미가 없기 때문이다.

침묵하는 언론

송전탑 건설을 둘러싼 갈등이 수년간 지속되고 있었지만 언론은 이런 현실
을 제대로 다루지 않았다. 대다수의 언론이 시위대와 경찰 사이에 충돌이
벌어질 때만 관련 사실을 간단하게 보도하였다. 진실이 무엇인지 밝히기보
다는 '충돌의 스펙터클'을 보여주는 것에만 관심을 가진 언론의 행태는 밀양
사태를 장기화시킨 원인 중 하나였다. 심지어 특정 종편 방송은 무관심을
넘어 상황을 왜곡하기도 한다. 밀양 주민들이 자신들의 의지를 표현하기 위
해 만든 구덩이를 통합진보당 당원이 만들었다는 뉴스를 내보낸 것이다. 주
민의 생존권 투쟁을 특정 정치세력과 연결시킴으로써 송전탑 건설에 유리
한 여론을 조성하려는 의도가 담겨 있음을 짐작하기란 어렵지 않다. 심지어

이 기사를 보도한 기자는 현장에 내려오지도 않았으며, 관련자에게 사실 확인도 하지 않았음이 밝혀진다. 송전탑 사태에 대한 언론의 무관심과 편파성은 바로 〈밀양 아리랑〉이 만들어져야 했던 이유이기도 하다. 누군가 밀양의 진실을 알려야했기 때문이다.

〈밀양 아리랑〉은 〈밀양전〉(2013)에 이어 밀양을 다룬 박배일 감독의 두 번째 다큐멘터리다. 감독은 2012년 2월에 처음 밀양에 들어간 이후 3년 동안 그곳에 거의 살다시피 하면서 영화를 찍었다. 감독이 밀양 송전탑 문제에 관심을 가지게 된 계기는 밀양 주민 이치우씨의 분신자살이었다. 당시 탈핵

관련 다큐멘터리를 준비하고 있던 감독은 밀양 송전탑 사태가 신고리 핵발전소와 긴밀한 관련이 있음을 알고서는 카메라를 들고 밀양으로 달려갔다. 〈밀양전〉에도 묘사되어 있는 것처럼 촬영은 시위만큼이나 악전고투였다. 하지만 박배일 감독을 비롯한 오지필름의 촬영팀은 3년간 이곳을 지켰고, 대다수 언론이 눈감아버렸던 진실을 자신들의 카메라에 담아내게 된다. 인터뷰에서 박배일은 영화에서 경찰과 농민의 충돌 장면을 가급적 줄이려

고 했으며, 그 이유는 언론이 밀양을 싸움이 벌어지는 곳으로만 보도해왔기 때문이라고 말한다. 그는 격렬한 충돌 장면으로 시선을 끌기보다는 '이 아름다운 곳이 전쟁터로 변한 것에 대한 아픔'을 보여주고자 한다. 이런 의도가 잘 드러나는 장면 중 하나가 영화 중반부에 등장하는 경찰과 농민 사이의 추격전이다. 공사현장으로 진입하려는 농민들과 이를 저지하려는 경찰 사이에 쫓고 쫓기는 추격전이 펼쳐지는 가운데 '내 나이가 어때서'라는 가요를 개사한 경쾌한 노래가 배경음악으로 사용된다. 사실 이 상황 자체는 매우 참담하고 안타까운 모습이다. 틀림없이 촬영 당시에는 감독도 분노를 느꼈을 것이다. 하지만 현장의 분위기를 있는 그대로 전달하는 대신 대조적인 분위기의 노래를 삽입함으로써 일희일비하지 않고 꿋꿋하게 투쟁을 이어가고 있는 밀양 농민들의 모습을 더욱 효과적으로 전달하고 있다. 실제로 농민들은 시위 현장에서 구호 대신 노래를 부르면서 시위의 분위기를 고조시

키고 자신과 주위 동료들을 격려한다. 이미 수년간 지속된 시위 속에서 농민들은 쉽게 지치지 않는 법을 스스로 익히고 있었던 것이다.

물론 늘 시위 현장에 흥겨운 노래만 울려 퍼지는 것은 아니다. 이따금씩 한 맺힌 타령이 쏟아져 나오거나 그칠 줄 모르는 눈물이 솟아나기도 한다. "여기가 지옥!"이라는 탄식도 터져 나온다. 하지만 지치지 않고 계속 싸움을 이어나가기 위해서는 눈물을 흘리기보다는 웃어야 하고, 탄식을 쏟아내기보다는 노래를 불러야한다. 이 영화의 제목인 〈밀양 아리랑〉에도 이런 의미가 담겨 있을 것이다.

불편한 진실

〈밀양 아리랑〉은 도대체 왜 밀양에서 이런 일이 벌어지게 되었는지에 대해서도 이야기한다. 가장 큰 원인은 우리 사회의 왜곡된 에너지 소비 구조다.

앞서 말한 것처럼 밀양 송전탑은 신고리 핵발전소에서 생산된 전기를 수도권으로 보내기 위한 시설이다. 잘 알려진 것처럼 부산과 경남 지역은 국내 최대의 핵발전소 밀집 지역이다. 지방 사람들이 위험을 무릅쓴 대가로 수도권이 혜택을 누리고 있는 것이다. 후쿠시마 핵발전소 사고 이후 경계심이 높아진 탓에 탈핵 혹은 반핵 움직임도 커지고 있지만, 돌아보면 그동안 이런 기형적인 에너지 소비 구조에 대해 이상할 정도로 무관심했던 것이 사실이다. 지방을 희생양삼아 서울을 발전시키는 정책이 에너지 분야에서도 예외 없이 적용되고 있었던 것이다. 〈밀양 아리랑〉은 수도권 혹은 대도시에 살고 있는 사람들이 별다른 자각 없이 누리고 있던 혜택이 사실은 이 영화 속에 등장하는 인물들 같은 힘없는 사람들의 희생 덕분에 가능했던 것임을 밝히고 있다.

더불어 이 영화는 밀양의 송전탑 사태가 큰 돈벌이와 관련되어 있다는 사실도 밝히고 있다. 영화에 등장하는 환경운동가는 이명박 정부가 추진하던 원전 수출 사업이 신고리 핵발전소 사업과 직접적인 연관성을 가지고 있었다고 주장한다. 시골노인을 제압하느냐 못하느냐에 큰돈이 걸려있었다는 이 주장을 통해 밀양에 살고 있는 당사자들이 격렬히 반대하고 환경단체나 종교단체, 심지어 의사들까지 나서서 송전탑 건설의 문제점을 지적했음에도 불구하고 정부와 한전이 이 사업을 밀어붙인 이유를 미루어 짐작하게 된다. 꼭 원전 수출 사업이 아니었더라도 한전은 이 사업을 포기하지 않았을 것이다. 오랜 기간 그들은 이런 방식으로 사업을 확장하고 이윤을 창출해왔기 때문이다. 영화 속에서도 설명되었던 것처럼 용량이 큰 송전선로를 만들

고, 이에 맞춰 발전소를 새로 짓고, 다시 발전소 용량에 따라 새로 송전선로를 만드는 과정을 되풀이해왔던 것이다. 이윤을 위해 오래된 마을 공동체를 초토화시키고, 자신의 재산권을 지키려는 사람들을 공권력을 동원해서 짐승마냥 몰아대는 폭력적이고 반인권적인 행위가 공기업에서 오랜 기간 자행되고 있었다는 사실은 개탄스러운 일이 아닐 수 없다. 송전탑 문제로 오랜 기간 시달리다가 농약을 마시고 스스로 목숨을 끊은 유한숙씨의 분향소에서 벌어진 경찰의 공권력 집행 장면은 그동안 국가의 이름으로 자행되었던 밀양 농민에 대한 탄압이 얼마나 폭력적이고 비인간적이었는지를 짐작할 수 있게 해준다.

밀양의 여인들

〈밀양 아리랑〉은 투쟁에 관한 영화이자 동시에 사람에 관한 영화다. 자신들을 막아선 경찰 앞에서도 당당하게 이야기하고, 반복되는 시위 현장에서 흥겹게 노래를 부르고, 폭력적으로 진압을 당하면서도 오뚝이처럼 다시 일어서고, 시위본부가 철거되어도 다시 새로운 본부를 차리는 농민들이 이 영화의 주인공이다. 흥미로운 것은 이 영화의 주요 등장인물이 모두 여성이라는 사실이다. 카메라 앞에서 자신이 왜 이 힘든 싸움을 시작하게 되었는지, 고통을 당하면서도 왜 이 싸움을 멈출 수 없는지 이야기하는 과정 속에 밀양

여성들이 겪어야 했던 지난한 삶의 여정이 언뜻언뜻 드러난다. 여군이 되고 싶었던 김영자씨는 여성에 대한 편견과 오랫동안 싸워왔다. 성인 남자도 쉽게 다루기 힘든 무거운 로터리를 온 몸으로 운전하는 그녀의 모습은 김영자라는 인물이 어떻게 살아왔는지를 단번에 알아차리게 만든다. 그녀 스스로도 자신은 여자라서 안 된다는 편견에 도전하며 살아왔다고 말한다. 여군이 되고 싶었던 것도 같은 이유였다. 송전탑 투쟁의 맨 앞자리에 서면서 그녀는 젊은 시절에 이루지 못한 꿈을 뒤늦게나마 실현시키고 있는 셈이다.

일제강점기 대동아전쟁과 한국전쟁을 다 겪은, 본인 말로는 '오만 세월을 다 본' 사람이라는 김말해 할머니는 밀양 사태에 대한 하소연을 하는 와중에 어린 시절 남편 얼굴도 못보고 시집을 와서는 보도연맹 사태로 남편을 잃고 60년을 홀로 지내야했던 자신의 기구한 인생을 털어놓는다. "네 고향을 지켜라"라는 시아버지의 말씀을 따르기가 이토록 어렵고 고통스러운 일이 될지 몰랐다고 고백하는 손희경 할머니는 시부모님과 시댁 식구들 수발하느라 밥 한술도 제대로 먹지 못했던 과거를 회상하며 만약 그 시절로 돌아가라고 하면 차라리 죽는 것이 낫겠다고 말한다.

손과 얼굴보다 가슴 속에 더 깊은 주름이 팬 이들의 이야기를 듣고 있노라면 어쩌면 이들에게 철탑은 자신들을 억누르던 과거를 떠올리게 하는 상징과도 같은 것이라는 생각이 든다. 자기 힘으로는 어쩔 수 없었기에 그저 감당할 수밖에 없었던 그 상황이 이제는 철탑의 모습으로 다시 그들 앞에 나타나면서 그들의 가슴 깊은 곳에 가라앉아있던 응어리가 새롭게 수면 위로 떠오른 것이다. 이 불합리한 상황을 받아들이는 것은 자신에게 가해졌던 부당한 억압을 인정하는 것이나 다름없기에 그들은 결사적으로 철탑이 건설되는 것을 막고자 했을 지도 모른다. 그렇기에 그들이 쏟아내는 슬픈 탄식 속에 월남전에 아들을 보냈을 때의 슬픔과 논밭을 일구기 위해 피땀을 흘렸던 고통스런 과거가 함께 묻어나오는 것이 아닐까?

끝나지 않은 투쟁

송전탑 건설을 막으려는 밀양 농민들의 싸움은 2014년 6월에 강행된 이른바 '행정대집행'으로 인해 실패로 돌아간다. 보도에 따르면 주민 다수가 다치고 시위 현장 가까운 곳에 있던 수녀들도 부상을 입었다고 한다. 그동안 시위본부 역할을 했던 4개의 농성장도 철거된다. 놀라운 것은 행정대집행이 강행된 뒤 바로 밀양 농민들이 새로운 투쟁을 시작했다는 사실이다. '우리는 다시 시작한다'는 현수막을 내걸고 사람들은 다시 농성장을 만든다. 각출한 돈으로 새참을 나누고 고사를 지내면서 이들은 다시 긴 싸움을 시작한 것이다.

박배일 감독은 송전탑 투쟁의 힘이 '농성장이 아니라 밭에서, 밥상에서 나왔다'고 말한다. 그는 오랜 기간 밀양 농민들과 살을 부대끼며 발견한 이 진실을 행정대집행이 이루어지는 그 날의 기록을 통해 드러낸다. 농성장 바닥에 차려진 밥과 반찬을 농민들과 촬영팀이 함께 먹고 있다. "셋이 먹다가 하나가 없어져도 모른다"며 맛있게 밥을 먹는 사람들의 모습 위로 긴 사이렌 소리와 더불어 행정대집행을 알리는 경찰의 안내방송이 겹쳐진다. 식사 장면이 이어지는 가운데 '고향의 봄'을 부르는 시위대의 음성이 들리더니 곧 강제 철거 현장의 소리들이 이어진다. 긴박하면서도 처절한 현장의 소리들과 대조적으로 밥과 반찬을 나누는 사람들의 모습은 평화롭기까지 하다. 긴 싸움을 일상으로 끌어들이고 시위의 고통을 노래와 춤으로 경감시켜왔던 밀양 농민들의 이야기를 마무리하기에 이보다 더 적절한 장면은 없을 것 같다. 사이좋게 먹을거리를 나누어먹는 사람들의 모습을 보고 있노라면 앞으로 어떤 일이 있더라도 밀양 농민들이 싸움을 멈추지는 않을 것임을 새삼 깨닫게 된다. 또한 그들이 싸움을 계속하는 한 박배일의 카메라도 늘 그들 곁에 있을 것임을 확신하게 된다.

노동자에게 마이크를 넘기다, 〈그림자들의 섬〉

영도 影島 . 한자로 '그림자 섬'이라는 뜻을 가진 이 섬에는 아주 오래
전부터 사람이 살았다고 한다. 그 기록이 멀게는 신석기 시대까지
거슬러 올라간다고 하니, 영도는 부산에서 가장 먼저 사람이 살았
던 땅인 셈이다. 1934년 영도대교가 개통되면서 영도는 육지 일부
가 되었다. 한국전쟁이 발발하고 수많은 피난민이 부산으로 몰려들면서 영
도다리는 애환의 장소가 되었다. 부모와 형제자매를 찾는 사람들의 애끊는
사연이 쌓이면서 영도는 부산뿐만 아니라 한국사회에서 특별한 장소로 기
억에 남게 된다.

다리가 놓이면서 육지와 연결되었지만, 영도는 여전히 섬과 같은 존재로 남
아 있다. 부산의 다른 지역들이 재개발의 열기에 휩싸였을 때도 영도는 예
외였다. 마치 시간이 멈춘 땅처럼 그곳의 풍경과 그곳의 삶은 시대의 흐름
을 비껴가고 있었다. 그래서인지 영도는 종종 영화의 무대가 되곤 했다. 하
지만 이 영화들 속에서 영도는 잠깐 스쳐 지
나가는 배경에 불과했다.

김정근 감독

그림자들의 섬

김정근의 〈그림자들의 섬〉은 영도와 영도의 사람들에 초점을 맞춘 영화다.
김정근에게 영도는 한진중공업의 땅이다. 따라서 그에게 영도를 특징짓는
이미지는 크레인과 배 그리고 노동자들이다. 2012년 자신의 첫 장편 다큐멘
터리 〈버스를 타라〉에서 김정근은 김진숙, 85호 크레인, 희망버스 등의 단
어들로 기억되는 한진중공업 사태를 다룬 바 있다. 〈그림자들의 섬〉은 전국
을 떠들썩하게 만들었던 희망버스 이후의 이야기를 다루고 있다. 당시 사측
의 일방적인 정리해고에 맞서 무려 309일 동안 크레인 위에서 고공농성을
벌였던 김진숙을 비롯하여 한진중공업의 노동자들이 직접 카메라 앞에 앉
아 자신들이 참여했던 노조 활동의 이야기를 들려준다.

영화가 시작되면 사진관의 모습이 보인다. 증명사진을 찍을 때 사용하는 소품들이 등장한 뒤 작업복을 갈아입는 노동자들의 모습이 이어진다. 조금은 어색한 표정과 몸짓으로 앉아있는 노동자들 옆에서 촬영을 위한 조명이 설치된다. 자신을 소개하는 목소리 위로 영도 앞바다의 일렁이는 파도가 겹쳐지더니 다시 영도의 풍경이 길게 이어진다. 작은 글씨로 영화의 크레딧이 올라가면서 영화가 본격적으로 시작된다.

한진중공업 사태를 다루고 있다는 정보만을 놓고 보면 격렬한 시위 현장의 모습 등이 중심이 된 영화일 것 같지만 예상과는 달리 〈그림자들의 섬〉의 대부분은 인터뷰로 구성되어 있다. 1년 가까운 시간 동안 진행된 크레인 농성을 마치고 내려온 김진숙을 포함한 다섯 명의 노조원들이 입사 직후부터 현재에 이르기까지 자신들이 한진중공업과 함께했던 시간을 회상한다. 때로는 담담하게 때로는 울먹이며 그들은 자신들의 이야기를 털어놓는다. 대기업 입사가 결정된 순간에 느꼈던 기쁨, 출근 후 예상보다 훨씬 열악한 작업 환경 때문에 느꼈던 실망감, 처음 노조를 만들기로 했던 순간에 느꼈던

두려움, 이 과정에서 함께 근무하던 동료에게 느꼈던 섭섭함과 고마움 등 오랜 시간 축적된 사연과 감정들이 당사자들의 입을 통해 전해진다. 특히 김진숙 위원이 비정규직 문제를 이야기하면서 "우리가 참 오만했다"고 자책하는 장면은 김정근 감독이 이 영화를 어떤 시각에서 만들었는지를 짐작하게 해준다. 사실 노동문제를 다루고 있는 작품에서 이런 자기반성의 목소리를 접하기란 쉽지 않다. 한국의 노동운동이 모순이 없기 때문이 아니라, 이런 문제점을 드러내는 것이 노동운동에 유리하지 않다는 인식이 퍼져 있기 때문이다. 하지만 김정근 감독의 생각은 다른 것 같다. 그는 내부의 문제점을 직시하고 이를 인정하지 못한다면 노동운동이 더 발전하기 어려울 것이라고 생각하는 듯하다. 인터뷰에서 김정근 감독은 김진숙 위원뿐만 아니라 인터뷰에 응한 다른 노동자들도 비슷한 이야기를 하는 것을 보며 희망을 발견했다고도 말한다. 자칫 논점을 흐리게 만들 수도 있는 위험을 무릅쓰고 이런 인터뷰를 삽입한 것은 그것이 지금 노동자들의 생각이고 노동자들의 목소리이기 때문이었을 것이다.

이처럼 영화 대부분을 인터뷰로 구성한 것은 매우 대담한 발상이었다. 인터뷰의 비중이 높을 경우 영화가 단조로운 느낌을 줄 수밖에 없고, 이것은 영화에 대한 평가는 물론 흥행에도 부정적인 요소로 작용할 가능성이 높다. 김정근 감독이 이런 위험을 몰랐을 리 없다. 그렇다면 그는 왜 이런 형식을 선택한 것일까? 앞서 말했지만, 김정근은 이미 2012년에 한진중공업 사태를 다룬 르포르타주 형식의 영화 〈버스를 타라〉를 연출한 바 있다. 또한, 이후로도 계속 한진중공업 사태를 촬영해왔다. 따라서 만일 감독 자신이 원하기만 했다면 언제든지 격렬한 시위 현장 같은 스펙터클한 영상이나 노조원들 사이의 갈등 같은 극적 긴장을 고조시키는 장치들을 활용할 수 있었을 것이다. 하지만 김정근은 이런 유혹을 뿌리치고 노동자들과 담담한 인터뷰를 선택했다. 김정근은 이런 선택에 분명한 이유가 있었음을 밝히고 있다.

"우리는 살면서 정·재계 인사들의 강연이나 인터뷰를 자주 듣죠. 그에 반해 노동자들의 이야기를 오랫동안 듣는 경우는 드물어요. 그래서 노동자들에게 마이크를 넘기는 것이 중요하다고 생각했어요."
(맥스무비 인터뷰 중에서)

김정근의 말처럼 우리 사회에서 노동자들의 목소리는 묻혀있었다. 간혹 그들을 대변하는 목소리는 있었지만 그들의 목소리를 직접 들을 기회는 흔치 않았다. 그들이 말할 기회를 얻지 못했던 이유는 우리 사회에서 그들이 권력을 가지고 있지 못했기 때문이다. 김정근은 그들의 대변자가 되기보다는 그들이 직접 말하게 하는 방법을 선택했다. 마치 증명사진을 찍는 것 같은 세트 구조 역시 그동안 소외되었던 이 사람들이 누구인지 이 영화를 통해 분명히 기록하고 그들의 존재가치를 증명하고자 하는 감독의 의도를 드러내고 있다. 따라서 이 영화는 인터뷰라는 소박한 형식으로 이루어져 있지만 그 형식의 이면에는 기존의 권력 관계를 전복시키고자 하는 감독의 담대한 의도가 담겨 있다고 말할 수 있다.

'사랑이 지나가면'
〈그림자들의 섬〉의 촬영과정은 순탄치 않았다. 노조원들과 신뢰를 쌓은 것도 쉽지 않았을 것이며, 파업이 벌어지는 회사 내부를 찍는 일도 만만치 않았을 것이다. 감독에 따르면 회사 출입이 어려울 때는 금속 노조원의 조끼를 빌려 입고 조합원인 척하면서 회사를 드나들었다고 한다. 이처럼 그들과 어울려 출근하고 밥 먹고 퇴근하다보니 자연스럽게 영화를 찍는다기보다는 그들과 같은 삶을 살아가고 있는 듯한 분위기가 되었을 것이다. 이런 독특한 작업환경은 영화의 분위기를 많이 바꾸어놓았다. 감독 스스로도 촬영 전에는 노조나 노동운동에 대한 막연한 선입견이 있었다고 밝히고 있다. 하지만 노조원들과 함께 오랜 기간 어울리는 동안 김정근은 투사의 이미지 뒤에 있는 인간의 모습을 발견하게 된다. 투사 이전에 인간으로 그리고 생활인으로 노조원을 바라보는 이 시선은 〈그림자들의 섬〉의 출발점이자 동시에 이 영화를 유사한 소재를 다룬 다른 영화들과 구별 짓는 중요한 요인이다.

앞서 말한 것처럼 이 영화에는 노조와 회사 혹은 노동자와 경찰 사이의 직접적인 충돌 장면 등이 많이 담겨 있지 않다. 감독은 스펙터클한 시위 장면 대신 자료 사진을 활용해서 한진중공업 노조가 펼쳐 온 투쟁의 역사를 설명한다. 사진 자료는 인터뷰에 임한 노동자들의 과거를 보여줄 때도 사용된다. 말하는 자들이 누구인지를 생각지 않고 사진을 보면 마치 우리 부모님이나 형님 혹은 언니의 사진첩을 들춰보고 있는 것 같은 느낌을 준다. 이런 표현방식은 관객에게 필요한 정보를 제공하면서 동시에 관객과 등장인물 사이에 공감대를 형성한다. 또한 오래된 사진이 불러일으키는 정서적 효과는 영화의 상당 부분을 차지하는 인터뷰 장면의 담담한 연출과도 잘 어우러지고 있다. 덕분에 관객은 영화 속에 묘사되는 상황에 대해 즉각적이고 자동적으로 반응하기보다는 좀 더 거리를 두고 이 문제를 숙고할 기회를 얻게 된다.

한진중공업 노조원들을 투사 이전에 인간으로 묘사하려는 감독의 의도는 김주익 열사를 다룬 장면에서 가장 두드러지게 드러난다. 김정근 감독으로 하여금 〈그림자들의 섬〉을 만들게 한 동기가 되었던 김주익의 죽음은 이 영화에서 정서적으로나 극적 전개로나 가장 뜨거운 순간이다. 실제로 이 장면에서는 그동안 절제되어 있던 시위 현장의 열기와 노동자의 분노 등이 생생하게 묘사되고 있다. 주목할 점은 이 장면의 배경음악이 이문세의 '사랑이 지나가면'이라는 사실이다. 이 노래는 김주익이 가장 좋아했던 노래였다고 한다. 따라서 그에 대한 이야기를 다루는 장면에 삽입될 이유는 충분하다. 하지만 그동안 우리가 보았던 수많은 노동자 영화에서는 이런 장면에서 이른바 운동권노래가 흘러나오곤 했다. 김정근은 이런 관습적 독해를 거부한다. 김주익의 죽음을 알리는 뉴스 화면, 그의 시신을 덮은 하얀 천, 그의 죽음에 분노한 노조원들의 시위현장, 어쩌면 김주익도 한때 기대를 품었을지도 모를 이른바 진보정권의 어이없는 반응, 이에 보조를 맞춘 회사 측의 대규모 구조조정 소식 등 펄펄 끓어오르는 뜨거운 이미지들이 애잔한 이문세의 노래 위로 겹쳐진다. 이런 시청각적 정보의 부조화는 한진중공업 사태가 얼마나 비합리적으로 진행되었는지를 보여주는 장치다. 하지만 이런 소격효과보다 더 중요한 것은 이 노래를 통해 김주익이 어떤 인물이었는지를 더 잘 이해하게 해준다는 사실이다. 김정근은 투사이기 이전에 인간이었던 김주익의 참모습을 좀 더 자세히 전달하기 위해 그가 가장 사랑했던 노래를 선택한 것으로 보인다. 이런 장면에서 이런 표현기법을 선택할 수 있다는 사실이야말로 김정근 감독을 지지하고 기대하게 만드는 요인이다.

"1987년 이전의 생활로 다시 돌아갈 수는 없다."

〈그림자들의 섬〉이라는 이 영화의 제목은 작품의 배경이 된 영도에서 따온 것이다. 한진중공업은 영도를 대표하는 회사였으며 영화에 등장하는 노동자들은 영도를 삶의 터전으로 살아왔던 사람들이다. 하지만 영화의 제목이 암시하듯 이들은 그동안 온전한 인간이 아니라 그림자 같은 존재로 취급받아왔다. '그림자들의 섬'이라는 제목에는 이런 부당한 대접에 대한 분노와 좌절의 감정이 담겨 있다. 또한 이제는 그림자가 아니라 실체를 가진 개인이자 시민으로서 자신의 존재를 인정받으려는 의지가 담겨 있기도 하다.

영화의 마지막 부분에서 김진숙은 "1987년 이전의 노예 생활로 지금 노동자들이 다시 돌아갈 수는 없다"고 말한다. 이것은 〈그림자들의 섬〉 전체를 관통하는 매우 중요한 메시지다. 그녀에게 한진중공업은 자신이 청춘을 보낸 곳이며 노동운동가로 새롭게 태어난 곳이기도 하다. 아무런 성과도 없이 농성 중이던 크레인에서 내려온다는 것은 청년 노동자 김진숙과 노동운동가 김진숙을 송두리째 부정하는 것이기에 그녀는 309일 동안의 크레인농성을 견딜 수 있었을 것이다. 한진중공업의 다른 노동자들도 마찬가지다. 영화 속에는 한진중공업 노동자들이 겪었던 과거가 얼마나 끔찍했는지 묘사되어 있다. 회사와 공권력의 회유와 탄압 앞에서 두려움을 느끼면서도 그들이 물러서지 않았던 것은 지금 그들을 옥죄는 경고의 메시지보다 과거로

회귀했을 때 닥쳐올 상황이 더욱 두렵게 느껴졌기 때문일 것이다. 따라서 "1987년 이전의 노예 생활로 지금 노동자들이 다시 돌아갈 수는 없다"는 김진숙의 메시지는 의지의 표현이자 동시에 두려움의 표현이라고도 말할 수 있다. 〈그림자들의 섬〉은 언론을 통해 노출되는 집회 현장의 모습 속에서 그토록 강해보이던 파업노동자들도 사실은 이문세의 노래를 사랑했던 김주익처럼 가슴 속에 이런 두려움과 절박함을 안고 살아가는 인간이라는 사실을 새삼 확인시켜 준다.

김정근은 이런 노동자의 심정을 누구보다 잘 이해하는 감독일 것이다. 이미 알려진 것처럼 그 역시 노동자 출신이다. 고등학교를 중도에 그만두고 인쇄소와 신발 공장 등을 떠돌던 그는 『전태일 평전』을 통해 노동자로서 자기 정체성을 자각하게 되었다고 한다. 영화로 삶의 진로를 변경한 이후에도 감독은 스스로를 문화노동자라 칭하고 있다. 실제 삶도 그렇다. 그는 영화를 찍기 위해 고된 아르바이트를 계속하고 있다. 이런 그에게 문화노동자야말로 가장 적합한 칭호처럼 느껴진다. '노동자의 삶을 누구보다 잘 이해하는 감독이 만든 영화'라는 말이 한낱 상투적인 수사로 들리지 않게 만든 것은 오로지 김정근 감독 자신의 공이다.

덧붙이다

부산을 영화의 도시로 인정받게 만든 일등공신이 부산국제영화제라는 사실은 모두가 알고 있다. 출범 이후 부산국제영화제는 부산영화계를 이끄는 중추기관의 역할을 담당했다. 영화문화뿐만 아니라 영화산업, 영화교육 등 부산 지역에서 영화와 관련된 모든 사업은 부산국제영화제의 영향력 아래 있었다고 해도 과언이 아니다. 하지만 2014년 이른바 'BIFF 사태'가 발생하면서 견고해보이던 부산국제영화제가 흔들리기 시작한다. 영화제의 창립공신이라 불리던 사람들이 이 사태의 여파로 모두 영화제를 떠나게 되면서 부산국제영화제는 이제껏 경험하지 못한 위기에 직면하게 된다. 부산영화계도 몸살을 앓았다. 누군가는 신념에 따라 누군가는 실리를 좇아 입장을 달리했고, 그 과정에서 양측의 갈등은 깊어졌다. 이 글은 부산영화계를 뒤흔든 'BIFF 사태'가 왜 일어났으며, 어떻게 진행되었는지에 대한 기록이다.

BIFF, 암초를 만나다

발단은 세월호 문제를 다룬 이상호 감독의 다큐멘터리 〈다이빙 벨〉이었다. 영화제 조직위원장을 겸하고 있던 서병수 부산시장은 이 영화가 정치적으로 민감한 소재를 다루고 있다는 이유로 이 영화의 상영철회를 요구했다. 영화제의 독립성과 프로그래머의 전문성을 부정하는 부산시장의 요구는 영화제 집행부는 물론 국내외 영화인들의 강력한 반발에 부딪히게 된다. 이 스캔들 덕분에 수백 편의 초청작 중 하나로 머물렀을지도 모를 〈다이빙 벨〉은 그해 영화제 최고의 화제작으로 떠오르게 된다.

우여곡절 끝에 19회 영화제는 막을 내렸지만, 부산국제영화제를 겨냥한 외압은 폐막 직후부터 본격적으로 시작되었다. 영화제 종료 직후부터 거의 6개월에 걸쳐 부산시와 감사원이 잇달아 감사를 진행했다. 2015년 2월에는 부산시의 고위 관계자가 이용관 집행위원장에게 사퇴를 종용한 사실이 공개되면서 자칫 20회 영화제가 정상적으로 열리지 못할지도 모른다는 우려가 확산되기도 했다. 여론에 밀린 부산시가 이용관 위원장에 대한 사퇴 요구는 없었다고 부인하면서 사태는 일단락되는 것처럼 보였지만, 수면 아래에서는 부산국제영화제에 대한 견제가

지속되었다. 부산국제영화제 측은 영화배우 강수연을 공동 집행위원장으로 선임하는 해결책을 제시하게 된다. 이용관 위원장의 권한을 분산시킴으로써 부산시와 타협을 모색하려는 의도였다. 2015년 7월, 임시총회에서 서병수 시장도 "비가 온 뒤에 땅이 더 굳어진다"며 화해의 손길을 내미는 듯한 모습을 보였다.

하지만 20회 영화제가 끝난 직후, 부산시가 이용관 집행위원장과 부산국제영화제 전, 현직 사무국장을 검찰에 고발하면서 갈등이 재점화되기 시작했다. 부산시는 검찰 고발이 영화제 협찬금 중개수수료 회계집행 과정에서 문제를 발견한 감사원의 통보에 따른 것일 뿐이라고 주장하였다. 다시 말해, 논란이 되었던 〈다이빙 벨〉 상영은 검찰 고발과는 직접적인 관련이 없다는 것이 부산시의 주장이었다. 하지만 영화계는 이것이 〈다이빙 벨〉 상영

을 강행한 데 대한 보복성 조치라고 받아들였다. 부산국제영화제 측도 회계 집행에 문제가 있었던 것은 인정하지만 유사한 사례와 비교해볼 때 유난히 부산국제영화제에만 검찰 고발이라는 엄격한 잣대를 들이댄 것은 결국 특정인을 겨냥한 정치적 외압이라고 강하게 반발했다. 하지만 검찰은 2016년 5월 3일, 이용관 집행위원장 등 4명을 업무상 횡령 및 사기 등의 혐의로 불구속 기소했다.

'좌파 영화제' 그리고 검열의 부활

부산국제영화제가 정치적 공세에 시달린 것이 이때가 처음은 아니었다. 2008년 이명박 정부가 출범한 직후에도 부산국제영화제는 이념 공세에 시달렸다. 조희문 교수, 강한섭 교수 등이 참여한 '문화미래포럼'과 정진우 감독을 위원장으로 하는 '부산이전 반대 범영화인 투쟁위원회(이하 부반투)'가 부산국제영화제 공격에 앞장 선 대표적인 단체들이다. 2009년 3월 결성된 부반투는 영화진흥위원회와 영상물등급위원회 등의 부산 이전이 노사모 영화인들이 참여하고 있는 부산국제영화제에 의해 기획되었다고 주장하기도 했다.

이명박 정부에서 영화진흥위원장에 위촉된 강한섭 교수도 이른바 영화계 좌파 척결에 앞장섰다. 2008년 10월 4일 부산국제영화제 기간에 열린 컨퍼런스에서 강위원장은 "얼치기 진보주의자들이 이너서클을 만들어 자의적인 영화정책을 만들었고, 그들의 농단으로 인한 정책 실패가 한국영화의 위기를 가져왔다"고 주장했다. 보수진영의 공격은 2009년 6월 17일 영화인

225명이 참여한 시국선언에 부산국제영화제 관계자 몇 사람이 참여한 것이 드러나면서 더욱 거세졌다. 하지만 김동호 당시 집행위원장이 전면에 나서 이념 공세를 차단하면서 이명박 정부 시절의 이념 공세는 부산국제영화제에 큰 피해를 남기지 않은 채 마무리된다. 물론 이 과정에서 시국선언에 동참했던 직원이 사직을 하고 진보 성향으로 분류되던 배우 문성근이 영화제 집행위원에서 물러나는 등 영화제도 내상을 입긴 했지만, 보수 진영도 한발 물러나면서 부산국제영화제는 제자리를 찾게 되었다.

박근혜의 대선 승리로 보수정당이 재집권하고 야당이 지리멸렬한 행태를 거듭하면서 부산국제영화제에 대한 외압은 더욱 집요해졌다. 부산시에 이어 영화진흥위원회까지 부산국제영화제를 압박하기 시작한 것이다. 영화진흥위원회는 20회 영화제 행사를 6개월 정도 남겨둔 2015년 4월, 부산국제영화제 대한 지원금을 전년 대비 45% 삭감했다. 금액으로는 전년도 지원금 14억5000만 원에서 6억5000만 원이 줄어들었다. 그해 진행된 영화진흥위원회의 '글로벌 국제영화제 육성 지원 사업'에서 국고 지원을 받은 6개 영화제 가운데 지원금이 삭감된 곳은 부산국제영화제뿐이었다. 관객과 영화인의 만족도 면에서 국내에서 개최되는 영화제 중 가장 높은 평가를 받았음에도 불구하고 부산국제영화제의 예산만 삭감되었다는 사실은 이 결정 과정에 정치적 입김이 작용한 것이 아니냐는 의심을 사기에 충분했다.

부산국제영화제에 대한 외압은 예산삭감에만 그치지 않았다. 당시 영화진흥위원회는 영화제 상영작에 대한 등급분류면제 규정 개정을 추진하려고 했다. 영화진흥위원회의 규정에 따르면 연속 3회 이상 개최된 영화제는 영상물등급위원회의 심의를 받지 않고 영화를 상영할 수 있다. 이 규정 덕분에 부산국제영화제는 논쟁적인 영화들을 무삭제본으로 상영할 수 있었으며, 일본 영화의 국내 수입이 전면 허용되기 이전에도 다수의 일본영화를 상영할 수 있었다.

당연한 결과지만 규정 개정 시도는 영화계의 강력한 반대에 부딪혀 없던 일이 되었다. 사실 영화제 상영작을 모두 심의하기란 현실적으로 불가능하다. 국내에서 개최되는 영화제에서 상영되는 영화가 적게는 수십 편에서 많게는 수백 편에 달하는 상황에서 이 영화들을 모두 심의하려면 엄청난 시간과 인원, 예산이 필요하기 때문이다. 또한 심의 결과를 기다리느라 영화제가 파행을 겪게 될 것은 불을 보듯 뻔하다. 예산도 없고 부작용에 대한 대비책도 없는 이런 정책을 추진한 이유가 무엇인지는 쉽게 파악할 수 있다. 〈다이빙 벨〉처럼 권력자들의 입맛에 맞지 않는 영화를 통제하겠다는 것이다.

비록 영화제 상영작에 대한 등급분류면제 규정 개정은 실패했지만, 박근혜정부 시절 영화진흥위원회는 다양한 방법으로 영화계 길들이기를 시도하였다. 영화계의 반발에도 불구하고 예술영화전용관 운영지원 사업과 다양성영화 개봉지원 사업을 통합시켰으며, 독립영화전용관 지원 사업의 경우는 영화진흥위원회가 선정한 배급업체가 배급권을 독점하게 만들었다. 예술영화관과 독립영화관을 재정적으로 옥죄는 동시에 상영될 영화의 목록을 사전에 통제함으로써 자신들의 입맛에 맞지 않는 영화가 상영될 기회를 원천봉쇄하려는 의도가 담긴 정책이었다. 이런 잘못된 정책의 결과로 예술영화관 여러 곳이 문을 닫는 사태가 벌어지기도 했다.

박근혜 정부 이후에 시행된 이런 정책들은 사실상 검열 제도의 부활이나 다름없다. 영화 검열 제도는 1996년 10월 헌법재판소의 위헌 판결에 따라 폐지되었지만 박근혜 정부 출범 이후 영화와 예술작품에 대한 감시와 통제는 더욱 강화되었다. 더욱 심각한 것은 예전에는 공연윤리위원회 같은 기구가 검열을 담당했다면, 박근혜 정부 당시에는 공공 문화예술기관이나 민간 전문가 등이 예산을 무기로 비공식적인 검열을 자행했다는 사실이다. 2016년 영화의전당 독립영화전용관 개관 기념 프로그램으로 추진되었던 독립영화 회고전이 상영작 중 일부가 좌파 영화라는 이유로 무산되었는가 하면, 제주도에서 열렸던 제 1회 강정평화영화제는 초청작 중에 반정부적인 영화들이 포함되어 있다는 이유로 서귀포시가 상영관 대관을 불허한 탓에 영화제가 난항을 겪기도 했다. '블랙리스트 사태'에서도 확인할 수 있는 것처럼 박근혜 정부 당시 이런 불법적인 검열과 외압은 영화계뿐만 아니라 연극, 미술, 음악 등 예술계 전반에 걸쳐 자행되었다.

BIFF 사태의 전개 : 수도권 vs 지역

다시 BIFF사태로 돌아가 보자. 2015년 12월 11일, 부산시가 이용관 집행위원장 등을 검찰에 고발한 이후 BIFF사태는 반전을 거듭했다. 10개 영화단체가 참여하고 있는 영화단체연대회의는 부산국제영화제에 대한 외압을 중단하라는 취지의 성명서를 발표하였다. 부산에서도 영화제를 지지하는 목소리가 높아졌다. 2016년 1월 23일 부산의 영화단체들의 모임인 부산영화인연대는 〈다이빙 벨〉 상영회를 개최하였다. 이것은 BIFF사태의 본질은 정치권력이 영화제의 자율성을 부당하게 침해한 사건이라는 점을 환기시키기 위한 행동이었다. 또한 부산독립영화협회 소속의 영화인들과 모퉁이극장 소속 시민들은 영화제의 발상지라고 할 수 있는 남포동 BIFF 광장에서 주말마다 릴레이 1인 시위를 펼치기도 했다. 국내 5대 영화제를 비롯하여 베를린국제영화제, 로테르담국제영화제 등 해외 영화제와 레오스 카락스, 고레에다 히로카즈 등 해외 영화인들도 부산국제영화제에 대한 지지 성명을 보내주었다.

2016년 2월 말에는 부산국제영화제 정기 총회가 예정되어 있었다. 총회가 열리면 영화제 사태와 관련해서 책임소재와 시시비비를 따지는 공방이 벌어질 것이 불을 보듯 뻔했다. 그런데 총회를 얼마 남겨두지 않은 2016년 2월 18일, 서병수 부산시장은 기자회견을 통해 영화제 조직위원장 사퇴 의사를 밝힌다. 갑작스런 부산시장의 사퇴 선언은 부산국제영화제 집행부를 당혹스럽게 만들었다. 사실 영화제 측은 임시총회를 개최해서라도 영화제를 독립적인 민간 조직으로 개편하는 것으로 방향을 잡고 있었다. 그런데 부산시장이 한 발 앞서 민간 이양 방침을 밝히고 나선 것이었다. 당시에는 파악하기 어려웠던 이런 전격적인 제안의 배경에는 정권 차원의 압력이 있었던 것으로 추정된다. 즉 박근혜 정부에게 아킬레스건이었던 세월호 사건을 다룬 영화를 상영한 부산국제영화제 집행부를 반드시 와해시키고자 하는 의도가 숨어 있었던 것이다.

영화제 측이 서병수 시장의 조직위원장 사퇴 선언에 대해 환영의 뜻을 밝히면서 표면적으로 BIFF사태는 해결 국면으로 접어든 것처럼 보였다. 하지만

2016년 2월 25일 열린 영화제 정기총회를 계기로 부산시와 영화인들 사이의 갈등은 더욱 심화된다. 부산시는 정기총회를 통해 서병수 조직위원장과 이용관 집행위원장의 동반 사퇴를 공식적으로 못 박으려고 했다. 이는 이날로 임기가 만료되는 이용관 위원장의 재신임 안이 총회 의제로 상정되지 않았다는 점에서 분명히 확인된다. 총회의 안건 의결이 모두 끝나면서 두 위원장의 동반 사퇴가 확정되는 듯 보였지만, 이춘연 영화인연대 이사장이 기습적으로 임시총회 소집 요구서를 제출한 데 이어 이준동 대표가 이용관 위원장의 재신임을 거론하면서 총회장은 일순간에 난상 토론의 장으로 변하게 된다.

영화인들의 항의를 뒤로 하고 총회장을 떠났던 서병수 시장은 3월 2일 다시 기자회견을 통해 이용관 집행위원장이 위촉한 신규 자문위원의 자격을 인

출처 불명의 유인물

부산시보 〈다이나믹 부산〉

정할 수 없다며 임시총회 개최 요구를 거부했다. 부산시도 여론전을 이어나갔다. 출처불명의 유인물이 부산시내 곳곳에 뿌려지는가 하면, 부산시가 발행하는 시보 〈다이나믹 부산〉에는 "신규 위촉 자문위원 68명 중 47명 수도권 출신", "혈세 60억원 지원, 부산 자존심 한 순간 짓밟혀" 등 지역감정을 자극하는 문구가 실려 있었다. 또한 (사)부산영화영상산업협회, (사)부산정보기술협회, (사)부산영상포럼 등 민간단체들은 부산시의 주장을 지지하는 기자회견을 열기도 했다.

부산시는 BIFF사태를 수도권과 부산 사이의 권력 다툼으로 몰고 감으로써 이 문제의 본질, 즉 영화제 운영의 자율성과 독립성이라는 문제를 희석시키고자 했다. 부산의 문화예술인들은 성명서 발표와 단체 행동 등을 통해 부산시의 조악한 논리에 대응했다. 국내 영화인들 역시 서병수 시장의 사과와 사퇴, 그리고 재발 방지 대책 등을 요구하며 영화제를 보이콧하겠다고 선언했다. 이에 맞서 부산시는 BIFF 관계자의 추가 비리를 폭로하면서 여론전을 이어나갔다. 갈등이 심화되면서 영화제가 무산되는 것이 아니냐는 우려가 확산될 무렵, 부산시와 영화제는 영화제 정상화에 합의한다. 예상보다 빨리 합의가 이루어진 것은 갈등이 장기화될수록 부산시와 영화제 측 모두 부담이 커질 우려가 있었기 때문이었다. 부산시는 영화제 측이 요구한 김동호 명예위원장의 조직위원장 추대와 이를 위한 원포인트 정관 개정안을 받아들였다. 영화제 측도 주요 쟁점에서 부산시가 한 발 물러선 마당에 합의를 더 이상 미루기는 어려웠다.

김동호 전 위원장이 돌아온 뒤 부산국제영화제는 민간 이사장 체제로 전환

했다. 당연직 임원을 맡았던 부산시 관계자의 숫자도 대폭 줄였다. 하지만 여전히 영화제는 정상화되고 있지 못한 상황이다. 서병수 시장은 여전히 사과를 하지 않고 있으며, 이용관 전 위원장은 고등법원에서 벌금형을 선고받고 대법원 판결을 기다리는 중이다. 영화인들 중 상당수도 보이콧 선언을 취하하지 않은 상태다. 가장 큰 아픔은 김지석 수석 프로그래머의 갑작스런 사망이었다. 이로써 영화제 창립멤버들이 모두 영화제를 떠나게 된 것이다. 결국 부산국제영화제 사무국 내부로부터 균열이 일어나기 시작했다. 결국 김동호 이사장과 강수연 집행위원장은 2017년 영화제를 끝으로 동반 사퇴하겠다는 의사를 밝혔다. 〈다이빙 벨〉 사태가 일어났을 때에는 김동호라는 구원투수가 있었다. 하지만 지금은 그마저도 영화제를 떠나게 되었다. 과연 부산국제영화제의 미래는 어떻게 될 것인가?

리더에서 동반자로

부산에서 부산국제영화제는 영화제 이상의 존재였다. 부산영화계의 주요 기관이나 주요 사업 대부분은 부산국제영화제와 긴밀한 상관관계에 놓여 있었다. 부산영화의 또 다른 축인 부산영상위원회는 출범 당시부터 영화제와 공조 관계를 유지하면서 부산영화의 발전을 견인해왔고, 부산영화계의 랜드마크라고 할 수 있는 영화의전당은 애초 부산국제영화제 전용관으로 기획된 건물이다. 영화진흥위원회를 비롯한 주요 영화영상기관이 부산으로 이전하게 된 것도 부산국제영화제의 위상과 명성에 힘입은 바 크다. 따라서 부산국제영화제의 위기는 곧 부산영화계의 위기라고 말해도 무방할 것이

and contributes in introducing Korean films
to many international film festivals.

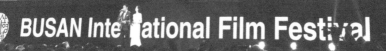 **BUSAN International Film Festival**

다. 실제로 곳곳에서 균열이 목격된다.

가장 시급한 과제는 부산국제영화제의 정상화다. 많은 사람들이 관심을 가지고 있는 만큼 우리가 염려하는 것보다 빠른 시간 안에 정상화가 이루어질 수도 있을 것이다. 다만 부산영화계에서 영화제가 예전만큼 영향력을 발휘할 수 있을 지는 의문이다. 어쩌면 더 이상 영화제는 부산영화계의 리더 역할을 맡지 못할 수도 있다. 그런데 그것이 꼭 나쁜 일만은 아니다. 그동안 영화제가 부산영화의 발전을 위해 많은 공을 세웠던 것은 분명하지만 그 과정에서 크고 작은 부작용이 발생했던 것도 부정할 수 없는 사실이다. 어쩌면 부산국제영화제 스스로도 지역영화계의 모든 현안에 대해 책임을 져야했던 과거의 상황이 달갑지만은 않았을 지도 모른다. 사실 영화제 조직 하나가 문화와 산업 등 모든 책임을 감당하기에는 부산은 너무 규모가 큰 도시다. 아마도 그동안 부산국제영화제가 짊어지고 있던 과중한 책임을 앞으로는 부산의 많은 단체와 기관이 나누어야 하는 상황이 벌어질 것이다. 영화제, 영상위원회, 독립영화협회, 평론가협회 등이 동반자의 관계에서 자신의 역할에 매진하면서 동시에 공동의 목표를 위해 힘을 합친다면 강력한 리더 하나에 의존하던 시절보다 더 나은 결과를 만들어낼 수도 있을 것이다.

글의 출처

BIFF와 부산영화의 재도약

부산의 극장들

『영상문화』, 13호(2011)에 수록된 〈영화유산의 보존과 활용 ; 극장을 중심으로 살펴 본 부산의 영화문화〉를 수정, 보완하였음.

부산영화, 그들이 있기에

한국영화기술의 선구자, 이필우

부산문화예술 전자아카이브에 수록된 〈한국영화기술의 개척자, 이필우〉를 수정, 보완한 것임.

전수일, 부산에 창작의 열정을 불어넣다

『영상문화』, 11호(2009) 〈전수일의 영화에 나타난 새로운 시선과 새로운 인간〉에서 일부를 발췌, 수정하였음.

부산독립영화협회, 부산영화 지킴이

『언론학 연구』, 14권 2호에 수록된 〈지역영화의 위기 요인과 활성화 방안에 관한 연구〉에서 일부를 발췌, 수정하였음.

부산, 영화를 만들다

부산영화의 어제와 오늘

『인디크리틱』, 10호(2013)에 수록된 〈부산의 독립다큐멘터리〉를 수정, 보완하였음.

실향의 정서와 상징적 공간, 〈영도다리〉

『인디크리틱』, 7호(2010)에 수록된 〈영도다리〉를 통해서 살펴본 전수일의 영화미학〉를 수정, 보완하였음.

'88만원 세대'의 회색빛 보고서, 〈도다리〉

『인디크리틱』, 5호(2008)에 수록된 동명의 글을 수정, 보완하였음.

불완전한 화해와 불안한 미래, 〈작별들〉

『인디크리틱』, 8(2011)호에 수록된 동명의 글을 수정, 보완하였음.

격랑 속에서 포착한 삶의 미세한 파동들, 〈그럼에도 불구하고〉

『인디크리틱』, 13호(2016)에 수록된 동명의 글을 수정, 보완하였음.

노동자에게 마이크를 넘기다, 〈그림자들의 섬〉

부산문화재단 『공감 그리고』, 22호(2016)에 수록된 〈영도(影島)를 소재로 한 두 편의 부산 다큐멘터리〉의 일부를 발췌, 수정, 보완하였음.

덧붙이다

『작가와 사회』, 2016년 여름호에 수록된 〈BIFF사태, 무엇을 얻고 무엇을 잃었나?〉를 수정, 보완하였음.